문학
속에
핀
꽃들

문학 속에 핀 꽃들

김민철 지음

샘터

프 롤 로 그

33개의 소설과 100개의 꽃

　김유정의 단편 〈동백꽃〉에는 '노란 동백꽃'이 나온다. 동백꽃은 일반적으로 붉은색인데 김유정은 왜 노란 동백꽃이라고 했을까.
　최명희의 대하소설《혼불》에는 '여뀌 꽃대 부러지는 소리'가 반복해서 나온다. 왜 하필 여뀌일까.
　신경숙의 소설《엄마를 부탁해》의 일본어판 표지는 왜 장미 덩굴로 뒤덮여 있을까. 조정래의 대하소설《태백산맥》에 나오는 소화와 외서댁은 무슨 꽃으로 비유할 수 있을까. 박범신의 장편《은교》에 나오는 쇠별꽃은 어떤 꽃일까.

　이 책은 소설을 읽으면서 이런 궁금증을 가져본 사람들을 위한 책이다. 말 그대로, '야생화로 읽는 문학' 또는 '문학 속에 핀 꽃들'에 대한 책이다. 야생화가 주요 소재 또는 이미지, 상징으로 쓰인 소설을 찾아 어떤 대목에서 야생화가 나오는지, 그 소설에서 야생화가 어떤 맥락에서 쓰였는지를 소개했다. 아울러 그 야생화에 대해 설명하고 내가 경험한 그 야생화에 대한 일화도 함께 담았다.

예를 들어 황순원의 〈소나기〉에는 소년이 소녀에게 꽃을 꺾어주는 장면에서 노란 양산을 닮은 '마타리꽃'이 나온다. 〈소나기〉는 초등학교나 중학교 때 배워 안 읽은 사람이 없지만, 마타리꽃이 나온다는 사실을 제대로 기억하는 사람은 거의 없었다. 이 책에서는 소설의 어떤 장면에서 마타리꽃이 나오는지, 어떤 꽃인지 알려주면서, 그 꽃이 전체 맥락에서 어떤 역할을 하는지도 생각해보고 있다.

내가 꽃에 관심을 갖기 시작한 것은 2003년 봄 무렵이다. 예닐곱 살 먹은 큰딸은 호기심이 많아 아파트 공터에서 흔히 피어나는 꽃을 가리키며 "아빠, 이게 무슨 꽃이야"라고 물었다. 당시 나는 그것이 무슨 꽃인지 알 길이 없었다. 얼버무리며 "나중에 알려주마"라고 넘어갔지만, 딸은 나중에도 계속해서 같은 질문을 했다. 그만큼 그 꽃은 흔하기도 했다. 어쩔 수 없이 《야생화 쉽게 찾기》를 시작으로 꽃에 관한 책을 사서 공부하기 시작했다. 나중에 알고 보니 그 꽃은 씀바귀였다.

그렇게 시작한 꽃 공부는 하면 할수록 재미가 붙었다. 주변에서 흔히 보았지만 이름을 몰랐던 꽃들을 하나하나 알아가는 재미가 쏠쏠했다. 특히 야생화 책에서만 보았던 꽃들을 야생 상태에서 처음 보았을 때, 사진을 찍어 온 꽃을 도감이나 야생화 사이트에서 찾아 이름을 알아냈을 때, 너무 헷갈리는 두 꽃의 차이가 무엇인지 깨달았을 때, 신비로울 정도로 환상적인 접사 꽃사진을 찍었을 때 등의 짜릿함은 말로 표현하기 어려울 정도였다. 그중에 꽃마리, 노루귀, 얼레지, 처녀치마, 동자꽃 등이 특히 기억에 남는 꽃들이다.

꽃 이름을 좀 알고 나자 다른 기자들과 차별적인 기사도 쓸 수 있었다. 2004년 한나라당을 출입할 때, 당시 박근혜 대표가 삼성동 자택을 공개했다. 다른 기자들은 거실에 박정희 전 대통령 그림, 서재에 부모와 찍은 가족사진 등이 있더라는 기사를 썼지만 나는 '마당에는 모과나무와 감나무가 있고, 옥잠화·비비추·패랭이꽃 등을 기르고 있었다'라고 한 줄 더 쓸 수 있었다.

2004년 〈민주당 10년 기자가 본 한나라당〉이라는 딱딱한 정치 기사를 쓸 때도 마지막에 '요즘 한나라당 천막 당사 주변 콘크리트 틈에선 민들레·씀바귀·뽀리뱅이·메꽃·별꽃·개불알풀 등이 피고 지고 있다'라고 쓰자 기사가 한결 부드러워졌다. 정치 기사에 '개불알풀'

이라는 단어가 들어간 것은 전례가 없지 않을까 싶다.

2006년 4월 평양에서 열린 남북 장관급 회담 풀 기자로 갔을 때도 '지금 평양은 봄꽃들이 만개했다. 순안공항 인근에는 복숭아꽃, 살구꽃이 피어 있고, 금수산기념궁전 주변에는 샐비어 등으로 꽃바구니 장식을 해놓았다'라고 써 보낼 수 있었다.

많은 기자들이 그렇듯이, 나도 언론사에 처음 입사할 때 문학담당 기자를 희망했다. 중학교 시절부터 소설을 쓴다고 원고지에 끄적거렸고, 대학 다닐 때는 대학신문에 소설을 응모하기도 했다. 기자 생활을 하면서는 좀처럼 짬을 내기 어려웠지만, 좋은 소설이 나왔다는 소식을 들으면 틈틈이 읽으면서 관심을 놓지 않았다. 아직도 언젠가는 사람들이 기억할 만한 소설을 하나 쓰고 싶다는 미련을 버리지 못하고 있다.

이렇게 해서 10년 동안의 야생화 공부와 젊은 시절부터의 소설 읽기를 결합한 결과물이 이 책이다. 무엇보다 이 책을 쓰면서 꽃이 중요한 소재나 상징으로 쓰인 소설을 찾기가 만만치 않았다. 소설은 사람들이 한 번은 들어보았을 유명 작품 위주로 고르는 것을 원칙으로 했다. 절반 정도는 기억만으로 소설을 고를 수 있었지만, 나머지 절반을 찾는 일이 험난했다. 책꽂이에 있는 소설을 꺼내 다시 읽고, 꽃이 나올

법한 소설을 사거나 도서관에서 읽고 또 읽으면서 소재를 찾았다. 꼭 넣고 싶은데, 어떻게 접근해야 할지 착상이 떠오르지 않아 대여섯 번 읽은 소설도 적지 않다. 이런 식으로 꽃이 주요 이미지나 상징으로 나온 소설 33개 작품을 모았다. 이 책을 읽으면서 독자들이 야생화 공부도 하면서 소설도 리뷰해보기를 바란다. 특히 독자들이 이 책을 읽고 해당 소설을 다시 또는 새롭게 읽고 싶은 마음이 들었으면 좋겠다.

이 책을 쓰기 위해 소설을 야생화 관점에서 바라본 글을 찾아보았지만 전혀 없었다. 예를 들어 《혼불》이라는 거대한 작품을 여뀌라는 잡초의 관점에서 바라본 것은 처음이라 자부심도 갖는다.

이 책을 쓰면서 무척 행복했다는 점도 고백해야겠다. 한창 글을 쓸 때는 새벽 3~4시까지 책을 읽고 글을 쓰고 출근해도 전혀 피곤하지 않았다. 자려고 누우면 새로운 아이디어나 문장이 떠올라 벌떡 일어나 메모하거나 노트북을 다시 켜는 날이 많았다. 그래도 글이 마음에 들지 않으면 소설의 배경인 곳이나 소설이 태동한 현장을 찾아 시각·청각은 물론 후각·촉각·미각까지 오감을 모두 동원해 느껴보려고 했다. 그러는 사이, 몸무게가 5킬로그램이나 빠지고 감성적인 글쓰기 감각도 되살아난 것은 이 책을 쓰면서 얻은 부수입이다.

이 책을 쓰는 데 많은 사람들의 도움을 받았다. 아내 김혜란은 초고부터 고치는 과정마다 첫 독자로서 글에 대한 느낌과 문제점을 날카롭고 꼼꼼하게 지적해주었다. 두 딸은 어려서 꽃 이름을 자꾸 질문해 내가 야생화를 공부하는 계기를 만들어주었고, 자라면서 다양한 꽃에 얽힌 에피소드를 제공해주었다. 나는 기회 있을 때마다 두 딸에게 풀꽃 이름을 알려주었다. 큰딸은 초등학교에 막 입학했을 때, 보도블록 길을 걷다가 발이 꼬여 넘어질 뻔했다. 왜 그러느냐고 묻자, 딸애는 "하마터면 꽃마리를 밟을 뻔했네"라고 말했다. 보도블록 사이에서는 겨우내 엎드려 있던 꽃마리가 막 기지개를 켜고 있었다. 이 책도 두 딸에게 이야기해주는 기분으로 썼고, 책이 나오면 가장 먼저 두 딸에게 선물할 생각이다.

과분한 추천 글을 써주신 김태정 한국야생화연구소장, 김용택 시인, 정이현 소설가, 서울 당산중 이한숙 교장선생님께 감사드린다. 김태정 소장은 내가 미처 찍지 못한 사진 20여 장도 제공했다. 이 책이 소설을 이해하는 데, 야생화를 사랑하는 데, 점점 줄어들고 있는 독서 인구를 다시 늘리는 데 조금이라도 도움이 된다면 기쁘겠다.

차례

프롤로그 · 4

1부 꽃, 향기에 취하다

김유정 〈동백꽃〉 노란 꽃망울을 터트리는 봄의 전령사, 생강나무 · 14
조세희 〈난장이가 쏘아올린 작은 공〉 줄 끊어진 기타 그리고 팬지 · 22
이금이 《너도 하늘말나리야》 하늘을 향한 성장통, 하늘말나리 · 30
황선미 《마당을 나온 암탉》 흩날리는 꽃잎의 자유, 아카시아 · 38
정채봉 《오세암》 스님을 기다리던 동자승의 넋, 동자꽃 · 48
박범신 《은교》 싱그러운 소녀의 향기, 쇠별꽃 · 56
김유정 〈봄봄〉 해학이 넘치는 가족 갈등, 꽃며느리밥풀 · 사위질빵 · 64
권여선 〈처녀치마〉 기적처럼 피어오른 연둣빛 실타래, 처녀치마꽃 · 74

2부 꽃, 마음에 묻다

황순원 〈소나기〉 노란 양산처럼 생긴 꽃, 마타리 · 84
황석영 〈아우를 위하여〉 어린 시절 추억의 달콤한 맛, 까마중 · 94
윤대녕 〈3월의 전설〉 꽃에 취한 비구니와 유부녀의 일탈, 산수유 · 102
이미륵 《압록강은 흐른다》 돌아가지 못할 고향을 그리워하는 열매, 꽈리 · 114
이문구 《관촌수필》 안타까운 고향의 기억, 소리쟁이와 왕소나무 · 124
공지영 《봉순이 언니》 내년 봄에 다시 피어날, 나팔꽃 · 134
신경숙 《엄마를 부탁해》 엄마에게 보내는 최고의 찬사, 장미 · 142
이승우 《식물들의 사생활》 소나무를 껴안은 관능적인 때죽나무 · 152

3부 꽃, 세상에 맞서다

김정한 《모래톱 이야기》 힘겨운 삶과의 대비, 갈대 · 164
윤흥길 《기억 속의 들꽃》 이 세상에 없는 기억 속의 들꽃, 쥐바라숭꽃 · 174
강석경 《숲 속의 방》 1980년대 청춘의 방황, '사루비아' · 184
최명희 《혼불》 기구한 여성의 부러진 날개, 여뀌 · 192
김훈 《칼의 노래》 전쟁 앞에 선 인간의 허무, 쑥부쟁이 · 202
박완서 《아주 오래된 농담》 화려한 팜므파탈의 꽃, 능소화 · 210
김주영 《홍어》 순응 거부하는 파릇파릇한 기운, 씀바귀 · 220
이문열 《선택》 백 일 동안 붉게 피는 꽃, 배롱나무 · 228
정유정 《7년의 밤》 파괴된 곳의 불길함, 가시박 · 236
조정래 《허수아비춤》 풍성한 보랏빛 꽃송이, 수국 · 244

4부 꽃, 삶을 만나다

문순태 《철쭉제》 상처 치유하는 화해의 손길, 철쭉 · 256
박경리 《토지》 가시 돋은 '꽃 중의 신선', 해당화 · 264
조정래 《태백산맥》 태백산맥에 펼쳐진 여인들의 꽃 · 274
김영하 《검은 꽃》 멕시코 이주민들의 혹독한 삶, 에네켄 · 284
김훈 《내 젊은 날의 숲》 한번 보면 잊을 수 없는 꽃, 얼레지 · 294
공선옥 《영란》 사랑과 치유의 유달산 측백나무 숲 · 304

에필로그 · 314
추천사 · 322
도서목록 · 326

김유정 《동백꽃》
조세희 《난장이가 쏘아올린 작은 공》
이금이 《너도 하늘말나리야》
황선미 《마당을 나온 암탉》
정채봉 《오세암》
박범신 《은교》
김유정 《봄봄》
권여선 《처녀치마》

1부
꽃, 향기에 취하다

아카시아나무는 초여름에 활짝 피어 향긋한 꽃내음을 주고, 어린 시절 추억을 떠올리게 해주는 나무다. 포도송이처럼 주렁주렁 달린 꽃은 어린 시절 허기를 달래는 간식거리였고, 깃털처럼 줄줄이 달린 잎은 다양한 놀이의 도구였다. 가위바위보를 해서 이기는 사람이 하나씩 잎을 따내 먼저 다 따내는 사람이 이기는 놀이도 있었고, 손가락으로 아카시아 잎을 튕겨서 잎을 많이 떨어뜨리는 게임도 있었다.

김유정 〈동백꽃〉
노란 꽃망울을 터트리는 봄의 전령사, 생강나무

> "
> 알싸한 그리고 향긋한 그 냄새에
> 나는 땅이 꺼지는 듯이
> 온 정신이 그만 아찔하였다.
> "

    김유정(1908~1937)은 이상과 함께 젊은 나이에 요절한 대표적인 문학인이다. 그는 1937년 30세의 나이를 다 채우지 못하고 폐결핵으로 사망했다. 공교롭게도 시인 이상도 같은 해 역시 폐결핵으로 27세라는 아까운 나이에 사망했다.

    짧은 생애였지만 김유정은 1930년대 한국소설에서 독특한 영역을 개척했다는 평가를 받고 있다. 그의 소설에는 〈동백꽃〉의 눈치 없는 총각, 〈봄봄〉의 데릴사위와 같이 우직하고 순박한 주인공들이 등장한다. 이들의 삶을 따뜻한 시선과 토속적인 속어와 비어 등 탁월한 언어 감각으로 풀어낸 것이 김유정 소설의 특징이다. 그래서 그의 소설은 지금 읽어도 하나하나가 생생하고 재미있다. 이런 점이 잘 어우러져 그의 소설을 읽으면 '해학'이 무엇인지 배우지 않아도 자연스럽게 알 수 있다. 〈동백꽃〉, 〈봄봄〉 외에도 〈소낙비〉, 〈금 따는 콩밭〉, 〈만무방〉 등이 그의 대표작이다.

〈동백꽃〉은 김유정이 죽기 1년 전인 1936년 잡지 《조광(朝光)》에 발표한 작품이다. 마름과 소작인으로 다른 계층에 속하는 사춘기 남녀가 '노란 동백꽃' 피는 농촌을 배경으로 사랑에 눈뜨는 과정을 다루었다. 눈치 없는 남자 주인공이 점순이의 애정 표현을 알아차리지 못해 당하는 갖가지 곤욕이 우스꽝스럽기 짝이 없다.

초등학교 6학년 때 〈동백꽃〉을 처음 읽은 우리 작은딸도 점순이의 애정 표현을 이해하지 못했다. 그때는 왜 점순이가 자꾸 수탉을 데려와 남자 주인공네 닭과 싸움을 붙이며 못살게 구는지, 왜 자꾸 감자 같은 것을 주면서 거절하면 화를 내는지 몰랐다는 것이다. 그런데 중학생이 된 어느 날, 빙긋이 웃으며 "왜 점순이가 '나'를 못살게 굴었는지 이제 알겠어요"라고 했다. 소설 마지막 부분에 둘이 동백꽃 속으로 넘어지는 장면도 "처음에는 그냥 손을 잘못 짚어 넘어지는 줄 알았어요"라고 해서 우리 가족들이 한바탕 웃은 적이 있다.

그런데 김유정의 단편소설 〈동백꽃〉을 읽다 보면 이상한 점이 하나 있다. '노란 동백꽃'이 나오는 것이다.

> 거지반 집께 다 내려와서 나는 호드기 소리를 듣고 발이 딱 멈추었다. 산기슭에 널려 있는 굵은 바윗돌 틈에 노란 동백꽃이 소보록하니 깔렸다. 그 틈에 끼어 앉아서 점순이가 청승맞게스리 호드기를 불고 있는 것이다. 그보다 더 놀란 것은 그 앞에서 또 푸드득, 푸드득, 하고 들리는 닭의 횃소리다. 필연코 요년이 나의 약을 올리느라고 또 닭을 집어내다가 내가 내려올 길목에다 쌈을 시켜놓고……
>
> 그리고 뭣에 떠다밀렸는지 나의 어깨를 짚은 채 그대로 픽 쓰러진다. 그 바람에 나의 몸뚱이도 겹쳐서 쓰러지며 한창 피어 퍼드러진 노란 동백꽃 속으로 폭 파묻혀버렸다.
> 알싸한 그리고 향긋한 그 냄새에 나는 땅이 꺼지는 듯이 온 정신이 그만 아찔하였다.

첫 번째 글은 남자 주인공이 산에서 나무를 해서 내려오는데 점순이가 호드기(버들피리)를 불면서 닭쌈을 붙이는 것을 목격하는 장면이고, 두 번째는 점순이가 '나'를 떠밀어 동백꽃 속으로 쓰러지는 마지막 장면이다.

　작가는 왜 붉은 것이 대부분이고 어쩌다 흰 꽃이 있는 정도인 동백꽃을 노란 동백꽃으로 표현했을까. 김유정이 잘못 묘사한 것일까. 아니면 그의 고향인 강원도에 노란색 동백꽃이 실제로 있는 것일까.

'노란 동백꽃'의 실제 이름은?

　답은 둘 다 아니다. 김유정이 말한 '동백'은 일반적인 상록수 '동백나무'가 아니라는 것이다. 소설 〈동백꽃〉에 나오는 동백나무는 강원도에서 '생강나무'를 부르는 이름이기도 하다. 강원도에서는 오래전부터 생강나무를 '동백나무' 또는 '동박나무'로 불렀다고 한다. 강원도 춘천 사람인 김유정은 이를 잘 알고 있었을 것이다. 모르는 사람이 없을 대중가요 〈소양강 처녀〉의 2절은 '동백꽃 피고 지는 계절이 오면 돌아와주신다고 맹세하고 떠나셨죠'로 시작한다. 여기서 나오는 동백꽃도 '생강나무꽃'을 가리키는 것이다. 〈강원도아리랑〉에 나오는 '열라는 콩팥은 왜 아니 열고, 아주까리 동백은 왜 여는가'에 나오는 동백도 역시 생강나무를 뜻한다고 한다. 붉은 꽃이 피는 동백나무가 자라지 않는 중부 이북 지방에서는 생강나무의 열매로 기름을 짜서 동백기름 대신 머릿기름으로 사용했다. 이 때문에 생강나무를 동백나무로 부른다는 것이다.

김유정 문학촌 전시관에 있는 〈동백꽃〉 표지 사진. 동백꽃을 붉게 그려놓았다.

이런 점을 모르고 1990년대까지도 김유정의 소설집 표지를 붉은색 동백꽃으로 그린 출판사가 있었다. 김유정 고향 마을에 조성해놓은 김유정 문학촌 전시관에는 표지에 붉은 동백꽃을 그려놓은 김유정 책이 두 권이나 있었다.

생강나무는 잎을 비비거나 가지를 자르면 생강 냄새가 난다고 해서 그런 이름이 붙었다. 꽃이 필 때면 특유의 향기가 퍼지기 때문에 우리는 근처에 생강나무가 있다는 것을 자연스레 알 수 있다. 소설에 나오는 '알싸한 그리고 향긋한 그 냄새'도 바로 생강 냄새를 가리키는 것이다. 생강이 아주 귀하던 시절에는 이 나뭇잎을 가루로 만들어 생강 대신 쓰기도 했다.

생강나무는 동물 발바닥 모양으로 생긴 잎이 샛노란 빛깔로 물들어 붉게 물든 가을 산에 포인트를 준다. 열매는 처음에는 초록색에서 붉은색으로 변했다가 늦가을엔 다시 검은색으로 변하는 등 색깔이 세 번 변한다. 까맣게 익은 열매와 노랗게 물든 잎이 어울려 보기 좋다.

김유정역, 김유정로, 봄봄 막걸리

김유정의 고향이자 소설 〈동백꽃〉의 배경 마을인 강원도 춘천시 신동면 실레마을에는 '김유정 문학촌'이 있다. 고증을 거쳐 김유정 생가

생강나무

를 복원해놓았고, 마당에는 소설에서 점순이가 닭싸움을 붙이는 장면을 조각상으로 만들어놓았다. 작은딸은 이곳에 많이 심어놓은 생강나무를 보더니 "여기로 넘어졌으면 아팠겠나"라고 했다. 개나리라면 몰라도 생강나무는 나뭇가지에 꽃이 피기 때문에 꽃 속에 '폭 파묻혀버렸다'라는 표현을 쓰기에 적절하지 않은 것 같은데, 왜 그렇게 표현을 했는지 의문이다. 경춘선 '김유정역'에서 문학촌으로 들어가는 길목 가로수로도 작은 생강나무들을 줄줄이 심어놓았다. 나무가 더 자라면 가을 단풍이 멋있을 것 같았다.

실레마을 주변에는 김유정 문학촌 외에도 '김유정'이라는 이름이

들어간 명칭이 많다. 서울~춘천 고속도로 남춘천 나들목을 빠져나오면 나오는 길이 '김유정로'이고, 현재 전철 개통으로 새롭게 변한 경춘선 '김유정역'도 있다. 김유정역은 2004년 경춘선 신남역의 이름을 바꾼 것이다. 사람 이름을 역 이름으로 쓰는 곳은 우리나라에서 이곳이 처음이다.

실레마을을 감싸고 있는 금병산(해발 652미터)은 곳곳이 김유정 작품의 배경이기도 하다. 이를 기리기 위해 금병산에는 '봄봄길', '만무방길' 같이 김유정의 작품 이름을 따서 만든 등산로가 있다. 산 정상에서 춘천 시내를 내려다보며 능선을 타고 내려가는 길이 '동백꽃길'이다. 능선길에서는 생강나무를 흔히 볼 수 있다.

금병산 등산을 마치고 김유정 문학촌 입구 춘천닭갈비 집에서 늦은 점심을 먹었다. 그 집에서는 춘천에서 만든 '봄봄 막걸리'를 팔고 있었다. 특이하게도 그 음식점 안에는 제비들이 집을 지어놓고 수시로 드나들고 있었다. 주인은 그런 제비들을 위해 문을 열어놓고 영업을 했다. 난 술을 잘 못 마시지만 이런 모습들을 보자 막걸리 생각이 절로 났다. '봄봄 막걸리'는 정말 톡 쏘는 알싸한 맛이 났다.

생강나무 산수유

봄의 전령사, 생강나무와 산수유를 구분하는 방법은?

생강나무

산수유

생강나무와 산수유는 둘 다 아직 찬바람이 가시지 않은 초봄에 노란 꽃망울을 터뜨리는 봄의 전령사들이다. 그런데 둘이 비슷한 시기에 노란 꽃봉오리를 내밀기 때문에 혼동하는 경우가 많다. 특히 멀리서 보면 거의 비슷해 구분하기 어렵다. 그러나 산수유와 생강나무는 전혀 다른 나무다. 생강나무는 녹나무과이고 산수유는 층층나무과로 분류도 다르다. 생강나무는 줄기에 딱 붙어 짧은 꽃들이 뭉쳐 피지만, 산수유는 긴 꽃자루 끝에 노란 꽃이 하나씩 핀 것이 모여 있는 형태다. 색깔도 산수유가 샛노란색인 반면 생강나무는 연두색이 약간 들어간 노란색으로 좀 다르다. 또 생강나무는 줄기가 비교적 매끈하지만 산수유 줄기는 껍질이 벗겨져 지저분해 보인다.

꽃 필때가 지나면 두 나무를 구분하는 데 어려움이 없다. 나중에 잎이 나는 것을 보면, 산수유 잎은 긴 타원형이지만 생강나무 잎은 동물 발바닥 모양이다. 가을에 생강나무는 동그란 까만 열매가 열리고 산수유는 타원형인 빨간 열매가 열리는 점도 다르다.

생강나무는 산에서 자생하고, 산수유는 대부분 사람이 심는 것이기 때문에 산에서 만나는 나무는 생강나무, 공원 등 사람이 가꾼 곳에 있는 나무는 산수유라고 봐도 무방하다.

조세희 〈난장이가 쏘아올린 작은 공〉
줄 끊어진 기타 그리고 팬지

> "
> 영희는 팬지꽃 두 송이를 따
> 하나는 기타에 꽂고 하나는 머리에 꽂았다.
> "

도심에서 가장 흔하게 볼 수 있는 원예종 꽃은 무엇일까. 도시를 장식하는 '4대 길거리 꽃'은 팬지, 피튜니아, 매리골드, 베고니아 정도일 것이다.

이 꽃들의 공통점은 우선 개화 기간이 길다는 것이다. 짧게는 2~3개월, 길게는 100일 이상 핀다. 또 매연에 강하고 건조해도 잘 견디는 등 척박한 환경에서도 잘 자란다. 게다가 꽃값도 싸다.

이런 장점들 때문일까. 우리나라뿐만 아니라 전 세계 어느 도시를 가더라도 이 꽃들을 볼 수 있다. 2008년 베이징올림픽 때도 베이징 시내 곳곳은 베고니아, 매리골드, 아프리카봉선화 등으로 꾸며졌다. 이 꽃들만 잘 기억해도 상당 부분의 도심 꽃들을 알게 되는 것이다.

조세희의 연작소설 〈난장이가 쏘아올린 작은 공〉에서는 이 길거리 꽃 중 하나인 '팬지'가 난장이의 딸 영희를 상징하는 꽃으로 나온다. 난장이 가족은 화단과 화분에 팬지를 가꾼 모양이다. 소설에서 영희는 팬지꽃 앞에서 '줄 끊어진 기타'를 치는 열일곱 살 아가씨다.

> 영희는 온종일 팬지꽃 앞에 앉아 줄 끊어진 기타를 쳤다. '최후의 시장'에서 사온 기타였다. 내가 방송통신고교의 강의를 받기 위해 라디오를 사러 갈 때 영희가 따라왔었다. 쓸 만한 라디오가 있었다. 그런데, 영희가 먼지 속에 놓인 기타를 들어 퉁겨보는 것이었다. 영희는 고개를 약간 숙이고 기타를 쳤다. 긴 머리에 반쯤 가려진 옆얼굴이 아주 예뻤다. 영희가 치는 기타 소리는 영희에게 아주 잘 어울렸다. ……그 라디오가 고장이 나고 기타는 줄이 하나 끊어졌다. 줄 끊어진 기타를 영희는 쳤다.

1970년대를 배경으로 한 이 소설에서 난장이인 아버지 그리고 어머니와 영수, 영호, 영희는 낙원구 행복동에서 하루하루 힘겹게 살아가는 도시의 소외 계층이다. 난장이는 칼갈이·건물 유리 닦기·수도 고치기 등으로 어렵게 생계를 유지했으나, 이제 병에 걸려 일을 할 수 없다. 영수와 영호는 학교를 중도 포기하고 인쇄소에서 일하다 단지 회사에 불만을 얘기했다는 이유로 해고당한다.

그런데 이 집에 재개발 사업으로 인한 철거 계고장이 날아든다. 아파트 입주권은 나오지만, 입주비가 없는 마을 주민들은 거간꾼들에게 입주권을 팔 수밖에 없었다. 난장이 가족도 승용차를 타고 온 사나이에게 입주권을 파는데, 이 대목에서도 팬지꽃이 나온다.

> 그날 밤 승용차 안의 사나이가 우리 동네의 나머지 입주권을 모두 사버렸다. 그는 다른 투기업자들이 이십이 만 원에 사는 것을 이십오 만 원씩 주고 모두 사버렸다. 그날 밤에도 영희는 팬지꽃 앞에 앉아 기타를 쳤다. 영희는 팬지꽃 두 송이를 따 하나는 기타에 꽂고 하나는 머리에 꽂았다. 그리고, 꼼짝도 하지 않고 기타만 쳤다. 사나이가 아버지에게 담배를 권했다.
> "이십오 만 원이 분명하죠?"
> 어머니가 물었다. 사나이를 따라온 나이 든 사람이 검은 가방을 열어 돈을 보여주었다. …… 어머니는 소중하게 싸두었던

것들을 하나하나 넘겨주었다. …… 마당가 팬지꽃 앞에 앉아 있던 영희가 고개를 숙였다. 사나이가 돈을 내밀었다.

영희의 순수함을 투영하는 꽃, 팬지

영희는 입주권을 되찾기 위해 '줄 끊어진 기타와 팬지꽃 두 송이'만을 가지고 집을 나간다. 오빠 영호는 영희를 찾아 헤매다 '영희가 팬지꽃 두 송이를 공장폐수 속에 던져 넣는 꿈'을 꾼다. 영희를 상징하는 팬지꽃이 폐수 속에 던져지는 것은 영희의 순수성이 훼손될 것임을 암시하는 것이다.

영희는 투기업자를 따라가 그의 사무실에서 일하며 함께 생활한다. 그 투기업자에게 순결을 빼앗긴 영희는 투기업자를 마취시키고 그의 가방 속에 있는 입주권을 갖고 돌아오지만, 아버지가 벽돌 공장 굴뚝에서 작은 쇠공을 쏘아 올리다 추락사했다는 말을 듣는다.

〈난장이가 쏘아올린 작은 공〉은 같은 제목의 연작 열두 편 중 네 번째에 해당하는 중편소설로, 1970년대 말 경제성장 과정에서 소외된 노동자와 도시 하층민의 고통을 그렸다. 내가 대학을 다닌 1980년대엔 대학 신입생의 필독서 중 하나였는데, 요즘은 고교생들이 많이 읽는 모양이다. 이 소설은 2005년 한국문학 작품 가운데 처음으로 200쇄를 돌파했고, 2007년 100만 부를 돌파했다. 이 정도면 우리 소설의 고전 반열에 올랐다고 할 수 있겠다. 아직도 매년 5만 부가량 팔리는 스테디셀러다.

어두운 현실을 묘사했지만, 이 소설에서는 동화 같은 환상적인 분위기도 느낄 수 있다. 작가는 접속사 없이 단문을 나열하는 간결한 문장으로 고통스러운 현실과 동화 같은 분위기를 대비해 사회적 모순을 더욱 선명하게 부각했다. 당시 잡지사에 다니던 작가는 직장 부근 다방에서 초고를 썼는데, 간결한 문장은 직장 생활의 자투리 시간에 머릿속에 떠오른 생각을 그대로 받아 적은 결과라고 했다. 그래서 그런지 문장이 조금 거칠다는 느낌도 없지 않다. 작가는 "서정적이고 환상적 분위기는 검열을 피하기 위한 방법이었다"라고 밝혔다. 특이한 소설 제목은 당시 한창 화제였던 인공위성 이미지를 사용해 동화적으로 지었다는 것이 작가의 설명이다.

이 소설에서 팬지는 순수한 영희를 상징하면서, 소설에 시적이고 동화적 분위기를 불어넣는 소도구로 쓰인 것 같다. 팬지는 유럽 원산의 제비꽃을 개량한 것으로, 겨울 찬 바람이 가시자마자 등장하는 꽃이다. 여러 가지 색깔로 개량했지만, 흰색·노란색·자주색 등 3색이 기본색이라 삼색제비꽃이라고도 부른다.

팬지

〈난장이가 쏘아올린 작은 공〉의 또 다른 이야기, 《하얀 저고리》

이 글을 쓰기 위해 〈난장이가 쏘아올린 작은 공〉을 다시 읽으면서 내내 가슴이 답답했다. '난쏘공' 이야기는 기초생활보장제도가 전혀 없던 30여 년 전 이야기지만, 지금 이 도시 어딘가에서도 비슷한 일이 벌어질 수 있다는 '불편한 진실' 때문이 아니었을까.

작가 조세희(1942년생)는 2009년 용산 철거민 참사 사건이 발생하자 "안타깝고 안타깝다"며 "도시 하층민들의 삶은 '난쏘공'을 발표한 1970년대보다 더욱 나빠진 것 같다"라고 말했다. 그는 "그래도 30년 전엔 경찰도 철거반원도 인간성은 있었는데, 그런 것마저 없어진 것 같았다"라며, 무한경쟁에만 몰두하고 약자를 전혀 배려하지 않는 우리 모두에게도 책임이 있다고 지적했다.

조 씨는 〈난장이가 쏘아올린 작은 공〉 이후 〈시간여행〉 등 소설 몇 편을 발표했지만 '난쏘공'만 한 주목을 받지는 못했다. 조 씨는 1990년대 초부터 미완의 장편 《하얀 저고리》를 퇴고하고 있다. 병자호란 직후부터 1990년에 이르기까지 영희네 조상과 가족이 역사로 인해 고통받는 이야기라고 한다. 2002년 말엔 문예지 등 매체에 광고까지 나왔지만 정작 소설은 나오지 않았다. 해당 출판사는 작가의 건강이 좋지 않은데다 아직도 작가가 결말 부분을 놓고 고심하고 있기 때문이라고 설명했지만, '난쏘공'의 명성에 대한 부담도 작용한 듯하다. 고심한 시간만큼, 전작을 뛰어넘는 작품이 기다려진다.

베고니아 매리골드 피튜니아 팬지

도시의 4대 길거리 꽃

팬지(Pansy)의 학명은 'Viola Tricolor'이다. 'Viola'는 제비꽃, 'Tricolor'는 세 가지 색을 의미하니 이름 그대로 삼색제비꽃인 셈이다. 꽃잎은 다섯 개이나 잎 모양이 각각 다른 특징이 있다. 팬지라는 이름은 불어의 '팡세' 즉 '명상'이라는 말에서 온 것인데, 꽃모양이 명상에 잠긴 사람의 얼굴을 닮았다고 붙여진 이름이라고 한다.

\# 팬지

나팔처럼 생긴 피튜니아(Petunia)도 도심 화단에서 흔하게 볼 수 있는 꽃이다. 피튜니아는 세계적으로 가장 많이 심고 있는 화단용 화초라고 한다. 화단나팔꽃이라고도 하는데, 남미가 고향인 이 꽃은 원주민들이 담배꽃과 닮았다고 '피튠(담배라는 뜻)'이라고 부른 데서 이러한 이름을 얻었다. 도심에서 걸이용 화분에 핀 화사한 진홍색 피튜니아를 자주 볼 수 있는데, 이꽃을 따로 '사피니아(피튜니아를 개량한 꽃으로 육종명)'라고 부르기도 한다.

\# 피튜니아

매리골드(Marigold)는 노란색 또는 황금색 잔물결 무늬 꽃잎이 겹겹이 펼쳐진 모양의 꽃이다. 봄부터 가을까지 꽃이 피고 독특한 향이 있다. 역시 다양한 색과 품종의 꽃이 있다. 꽃이 활짝 피면 반구 형태인 프렌치메리골드는 '만수국', 꽃잎의 끝이 심하게 꼬불꼬불한 아프리칸메리골드는 '천수국'이라는 별칭이 있다. 일반적으로 천수국이 만수국보다 꽃이 크다.

\# 메리골드

조용필 노래 〈서울서울서울〉에서 '베고니아 화분이 놓인 우체국 계단~'으로 유명한 베고니아(Begonia)도 거의 일 년 내내 꽃이 피는 원예종이다. 베고니아도 종류가 다양한데, 모두 잎의 좌우가 같지 않아 비대칭인 점이 특징이다. 평양 시내 풍경에서 자주 나오는 북한의 붉은 '김정일화'도 베고니아를 개량한 꽃이다.

\# 베고니아

이금이 《너도 하늘말나리야》
하늘을 향한 성장통, 하늘말나리

> "
> 하늘말나리는 하늘을 향해서 핀대요.
> 어쩐지 간절하게 소원을 비는 모양 같아요.
> "

    1999년 나온 이금이의 장편동화 《너도 하늘말나리야》는 성장소설의 고전 중 하나로, 25세 이하 청년과 청소년이라면 안 읽은 사람이 거의 없을 정도라고 한다. 내가 자랄 때는 없던 책이었는데, 아이들 방에서 우연히 이 책을 보고 빠져들었다. 꽃 그림이 나오고 주요 인물들을 꽃에 비유하는 등 꽃이 엄청 등장하기 때문이다. 이 책은 마치 야생화 책 같다.

이 동화는 미르, 소희, 바우 등 세 아이가 성장 과정에서 아픔을 느끼고 이를 극복해가는 과정을 그린 성장소설이다. 세 아이 모두 가족 중 한 명을 잃은 결손가정 아이들이라는 공통 분모가 있다. 미르는 아빠, 소희는 부모, 바우는 엄마가 없지만 이들이 서로의 상처를 감싸주며 커가는 이야기가 중심이다.

배경은 수령 500년 느티나무가 있는 시골인 달밭 마을이다. 이곳은 진달래·찔레꽃·명아주가 피고 지고, 학교 가는 길에는 민들레·제비꽃·꽃다지·냉이꽃·토끼풀·개망초·구슬봉이·달개비·잔대 같은 들꽃들이 만개한 곳이다.

미르는 서울에서 살다가 이혼한 엄마가 달밭마을 진료소장으로 오면서 함께 온 아이다. 미르는 부모가 이혼한 상처 때문에 마음의 문을 꼭꼭 닫는다. 엄마에 반항하고 시골 친구들을 무시하면서, '꽃을 옮겨다 심으면 뿌리를 내리느라 꽃이 시드는 것처럼' 적응하지 못한다. 그러나 미르는 '사나운 척 날카로운 가시를 달고 있지만 만져보면 보드라운 엉겅퀴꽃' 같은 아이였다. 미르와 소희, 바우는 우여곡절 끝에 친해지면서 서로의 상황을 이해해간다. 그러면서 미르는 '아무 데나 아무렇게 피어 있지만 남들에게 가을이 왔음을 알리고 또 기쁨을 주는 구절초'를 닮아간다.

바우는 '잎과 꽃을 잔뜩 오무리고 있는 괭이밥' 같은 아이였다. 어려서 사람들에게 '저녁나절이면 등불을 켜는 달맞이꽃' 같던 엄마를 잃고 '선택적 함구증'에 걸린 아이다. 바우 아버지는 엄마 산소 옆에 상사화를 심었다. 바우는 자신의 가족이 한 몸이지만 만나지 못하고 살아가는 상사화의 꽃과 잎 같다고 생각한다. 화가가 꿈인 바우는 스케치북에 들꽃을 그리는 것이 취미여서 꽃에 대해 많이 아는 소년이다.

자기 자신을 사랑할 줄 아는 꽃, 하늘말나리

할머니와 함께 살며, 바우에게 누나 역할을 해주는 소희는 셋 중 제일 조숙한 아이다. 부모가 없고 예쁘고 비싼 옷을 입지 못해도 언제나 당당하다. 바우는 이런 점 때문에 주변이 아무리 어수선해도 자신을 흐트러뜨리지 않고 알차게 꾸려나가는 소희가 하늘말나리 같다고 생각한다. 바우는 하늘에 있는 엄마에게 이렇게 말한다.

> 엄마, 이 꽃이름이 뭔 줄 아세요? 하늘말나리에요. 진홍빛 하늘말나리는 꽃뿐만 아니라 수레바퀴처럼 빙 둘러 난 잎도 참 예뻐요. 다른 나리꽃 종류들은 꽃은 화려하지만 땅을 보고 피는데 하늘말나리는 하늘을 향해서 핀대요. 어쩐지 간절하게 소원을 비는 모양 같아요.

미르는 소희와 바우를 보면서, 바우도 미르의 아픔을 들여다보면서 자기보다 더 아파하는 사람들이 있다는 사실을 깨닫고 마음을 열어간다.
　소희는 할머니가 돌아가시면서 도시의 작은아버지 집으로 가야 했다. 바우는 소희에게 하늘말나리를 그린 그림을 주면서 '소희를 닮은 꽃. 자기 자신을 사랑할 줄 아는 꽃'이라고 쓴다. 그러자 소희가 "너희들도 하늘말나리야"라고 말하고 떠나는 것으로 소설이 끝난다.

　이 소설은 많은 꽃들이 등장해 서정적이면서도 아이들의 심리를 하나하나 세밀하게 그려내 잔잔한 울림을 주고 있다. 쉽고 적확한 어휘를 사용한 간결한 문장도 참 좋다. 청소년용 동화지만 어른들이 읽어도 잔잔한 감동을 느낄 수 있을 것이다. 좋은 글답게 한번 책을 잡으면 끝까지 읽게 만드는 힘도 강하다. 엄마가 바우 아버지를 좋아하는 것 아니냐고 따지는 미르에게, "나중에라도 엄마를 엄마이기 이전에 한 여성으로, 한 인간으로 이해해 줄 때가 오기를 바란다"라고 한 말은 어른들도 음미해볼 만한 말인 것 같다. 달밭 마을을 떠난 소희 이야기를 다룬 후속 작품《소희의 방》도 나와 있다. 작가는 한 인터뷰에서 소희에 대해 "제가 예전에 시골에 살 때 만나고 보았던, 상처와 결핍 때문에 일찍 성숙해진 아이들의 결정체"라고 말했다.

하늘말나리

참나리

1984년 등단한 이금이(1962년생) 작가는 벌써 20여 편의 작품집을 통해 우리 아이들이 현실에서 부딪히는 고민과 문제들을 이야기했다. 그는 "요즘 아이들이 고민하는 삶의 문제들은, 아이들의 마음을 이해하지 못하는 어른들의 이기심과 소통의 단절에서 온다. 어른들도 자신들의 삶이 담겨 있는 문학작품을 읽을 때 많이 공감하듯이 아이들도 마찬가지"라고 말하고 있다.

이 책에 등장하는 하늘말나리에 대해 '하늘을 보고 핀 진홍빛 꽃은 주변에 피어 있는 무릇이나 조뱅이, 짚신나물, 노루오줌 같은 풀들이 하찮게 여겨질 만큼 어딘지 모르게 고고해 보였다'라고 표현하는 대목이 나온다.

'백합'과 '나리'는 같은 꽃

하늘말나리는 백합과의 여러 나리 중 하나다. 그냥 '나리'라는 식물은 없고 참나리, 땅나리 등 접두사가 하나씩 붙어 있다. 참나무가 어느 한 나무를 지칭하는 이름이 아니고 상수리나무, 졸참나무, 굴참나무, 갈참나무, 신갈나무, 떡갈나무 등 여러 참나무 종류들을 모두 아울러 일컫는 것과 같다. 이들 나리의 이름 규칙을 알면 나리를 만났을 때 이름을 짐작할 수 있을 것이다.

뭐니 뭐니 해도 주변에서 가장 많이 볼 수 있는 대표적인 나리는 참나리다. 참나리는 잎 밑부분마다 까만 구슬(주아·珠芽)이 주렁주렁 줄기에 붙어 있어 쉽게 구분할 수 있다. 까맣고 둥근 이 주아는 땅에 떨어지면 뿌리가 내리고 잎이 돋는 씨 역할을 한다. 무성생식을 하는 것이다. 그래서 왕성하게 자손을 퍼뜨려 화단 등 주변에서 흔히 볼 수 있다. 또 꽃에 검은빛이 도는 자주색 반점이 많아 호랑무늬를 이루고 있다. 이 때문에 참나리의 영문명은 'Tiger Lily'다.

참나리를 비롯한 나리들은 꽃이 피는 시기가 조금씩 달라 초여름부터 초가을까지 곳곳에서 발견할 수 있다.

그럼 '백합'과 '나리'는 무엇이 다를까. 원래는 같은 말이다. '백합(百合)'과 '나리'는 똑같이 백합과의 식물을 일컫는 말로, 백합은 한자어이고 나리는 우리말이라는 차이점밖에 없다. 흔히 백합이라는 이름 때문에 '백합은 하얀꽃'이라고 생각하는데, 백합의 백자는 하얀색(白)을 뜻하는 것이 아니라 숫자 백(百)을 뜻한다. 백합은 구근(알뿌리)식물인데, 구근의 비늘줄기가 약 백여 개 모여 있다는 의미로 '백합'이라는 이름을 쓴 것이다. 그러나 사람들의 인식이 변하면서 향기가 진한 개량종, 원예종만을 따로 백합이라 부르는 경우가 많아졌다. 요즘에는 울긋불긋하고 모양도 다양한 외래종 백합이 셀 수 없이 들어와 있다. 하도 다양하고 계속 늘어나서 이름을 알아보겠다는 의욕을 꺾어놓을 정도다.

하늘말나리　참나리　엉겅퀴　괭이밥

꽃이 피는 방향에 따라 구분하는 '나리'

ⓒ김태정　# 하늘말나리

참나리

엉겅퀴

괭이밥

나리는 꽃이 피는 방향에 따라 접두사가 다르다. 하늘나리는 꽃이 하늘을 향해 피고, 중나리는 옆을 향해, 땅나리는 땅을 향해 핀다. 여기에다 '말'이라는 단어가 들어가면 줄기 아래쪽에 여러 장의 잎이 돌려나는 것(돌려나기·윤생)을 뜻한다. 그러니까 하늘말나리는 꽃이 하늘을 향해 피고 잎이 돌려나는 나리를 가리키는 것이다. 또 섬말나리는 울릉도 특산이라 '섬'자가 붙었고, 보라색 꽃이 피는 솔나리도 있는데 잎이 솔잎처럼 가늘어서 이런 이름이 붙었다. 참나리는 나리 중에서도 가장 크고 화려하다고 해서 '참'이라는 접두사가 붙었다.

하늘말나리는 꽃잎이 뒤로 말리지 않고 하늘을 향해 핀다. 꽃은 노란색을 띤 붉은색이고, 자주색 반점이 점점이 있다.

엉겅퀴는 야산이나 들판에서 그리 어렵지 않게 만날 수 있는 여러해살이 식물이다. 70센티미터에서 1미터 이상까지 크며, 여름에 지름 3~5센티미터의 진분홍색 탐스러운 꽃송이가 줄기 끝에서 핀다. 잎끝과 가장자리 톱니에 날카로운 가시가 있어서 자칫 찔릴 수 있다. 독특한 이름은 이 식물이 출혈을 멈추게 하는 효과, 즉 피를 엉기게 하는 효과가 있기 때문에 생겼다.

괭이밥도 양지바른 뜰이나 둑, 길가, 인가 부근에서 흔히 볼 수 있다. 밤이나 흐린 날에는 입을 잔뜩 오므리는 습성이 있다. 밤에만 꽃이 피는 달맞이꽃과 반대다. 여름에 노란 꽃이 핀다. 고양이(괭이)가 좋아하는 먹이라고 해서 '괭이밥'이라는 이름을 가졌다.

황선미 《마당을 나온 암탉》
흩날리는 꽃잎의 자유, 아카시아

> "
> '아, 아카시아꽃이 지는구나!'
> 잎싹의 눈에는 흩날리는 눈발이 마치
> 아카시아 꽃잎처럼 보였다.
> "

　누군가에게 꿈을 주는 것은 그의 삶을 바꿀 수도 있다. 애니메이션 영화로도 제작돼 유명한 황선미의 장편동화 《마당을 나온 암탉》에는 아카시아나무가 주인공 암탉에게 꿈을 주는 나무로 나온다.

　주인공 '잎싹'은 철망 속에서 알을 낳는 양계장 닭이었다. 잎싹은 파란 잎사귀가 나중에 향기로운 아카시아꽃을 피워내는 것을 보고, 알을 품어서 병아리를 탄생시키고 싶다는 꿈을 가진다.

눈부신 바깥. 마당 끝에 있는 아카시아나무에 새하얀 꽃이 피었다. 꽃향기가 바람을 타고 양계장까지 들어와 잎싹의 가슴 속으로 스며들었다. 잎싹은 저도 모르게 벌떡 일어나 철망 틈으로 고개를 내밀었다. 그러자 털이 숭숭 빠진 맨목덜미가 빨갛게 드러났다.
'잎사귀가 또 꽃을 낳았구나!'
잎싹은 아카시아나무 잎사귀가 부러웠다. 눈을 가늘게 떠야 겨우 보이던 연두색 잎사귀가 어느 새 다 자라서 향기로운 꽃을 피워냈다.
잎싹은 양계장에 갇히던 첫날부터 아카시아나무를 보았다. 처음에는 아카시아나무에 꽃밖에는 아무것도 없는 줄 알았다. 그러나 며칠 안 가서 꽃은 눈송이처럼 날리며 졌고 초록색 잎사귀만 남았다.

'잎싹'이라는 이름도 아카시아 잎사귀가 부러워 스스로 지은 것이다. 잎싹은 '바람과 햇빛을 한껏 받아들이고, 떨어진 뒤에는 썩어서 거름이 되는 잎사귀, 그래서 결국 향기로운 꽃을 피워 내는 잎사귀'보다 더 좋은 이름은 세상에 없을 거라고 믿는다. 그러면서 자신도 아카시아나무의 잎사귀처럼 뭔가를 하고 싶어한다.
잎싹은 꿈이 생기자, 죽음을 무릅쓰고 양계장 밖으로 나온다. 양계장 밖은 사나운 족제비가 있는 위험한 세계였다. 잎싹은 부화란을 낳지는 못하지만, 우연히 야생 오리인 '나그네'의 알을 품는다. 나그네는 잎싹과 알을 지키다가 족제비에게 죽는다. 잎싹은 끝내 오리 새끼를 부화시켜 이름을 '초록머리'로 짓는다.

눈발처럼 흩날리는 아카시아 꽃잎

양계장의 수탉과 집오리들은 잎싹과 초록머리를 괄시하지만, 초록머리는 잎싹의 헌신으로 늠름한 청둥오리로 변해간다. 그러나 초록머리는 청둥오리로 살아가야 했기에, 잎싹을 남겨두고 다른 청둥오리들과 함께 북쪽 겨울 나라로 떠나야 했다. 족제비의 위협에서 끝까지 초록머리를 지켜준 잎싹은, 결국 굶주린 족제비도 새끼들을 위해 먹이를 구한다는 것을 알고 자신의 몸을 내주면서 생을 마감한다. 책의 도입부에서 '꿈'을 상징하던 아카시아 꽃잎이, 마지막 부분에 잎싹이 죽음을 맞이할 때 다시 등장한다.

> 눈발이 흩날리기 시작했다. 바람에 나부끼는 눈을 보는 동안 잎싹의 입가에 미소가 번졌다.
> '아, 아카시아꽃이 지는구나!'
> 잎싹의 눈에는 흩날리는 눈발이 마치 아카시아 꽃잎처럼 보였

다. 떨어지는 꽃잎을 온몸으로 맞고 싶어서 잎싹은 날개를 활짝 벌렸다. 향기를 맡고 싶었다. 기분이 아주 좋았다. 춥지도 않고 외롭지도 않았다.
"카악!"
날카로운 소리가 났다. 순간 모든 것이 사라졌다. 아카시아 꽃잎도, 향기도, 부드러운 바람까지도. 잎싹의 앞에는 굶주린 족제비가 있을 뿐이었다.
"그래, 너로구나."
잎싹은 퀭한 족제비 눈을 보면서 물컹하던 어린것들을 떠올렸다. 부드럽게 느껴지던 살덩이. 왠지 그 살덩이가 잎싹이 마지막으로 낳았던 알처럼 느껴졌다.
……"자, 나를 잡아먹어라. 그래서 네 아기들 배를 채워라."

《마당을 나온 암탉》은 동화지만 어른들이 읽어도 손색없는 글이다. 암탉은 양계장에서 편하게 먹고 알을 낳으며 살 수 있었다. 그러나 탈출해서 고통스럽시만, 자신의 꿈과 자유, 그리고 사랑을 실현해나가는 과정이 팽팽한 긴장감 속에서 그려진다. 꿈을 간직한 암탉의 꿋꿋함, 한없는 모성애가 가슴을 뭉클하게 한다. 삶과 죽음, 먹는 자와 먹히는 자가 순환하는 자연의 구조도 생각해볼 거리를 제공하고 있다. 서정적인 문체와 따뜻한 묘사도 좋다.

황선미 작가는 작가와의 만남에서 "많은 사람들이《마당을 나온 암탉》을 여성의 이야기를 모델로 쓴 것으로 생각하는데, 제가 암탉의 모델로 삼은 사람은 아버지였다"라고 말했다. 그는 "다 표현하기는 어렵지만 말기 암 환자였던 아버지가 마지막 순간까지 보였던 태도가 이 작품에 주제를 제공했다는 것만 밝힌다"라고 말했다. 다른 자리에서 작가는 아버지가 병상에서 '내가 죽으면 큰 솥을 걸어놓고 밥을 많이 해서 지나가는 사람 누구에게라도 밥을 주라'는 유언을 남겼고, 이 때문에 자신에게는 아버지의 마지막 모습이 배고픈 이들을 걱정하는 모습으로 남아 있다고 했다.

영화는 원작에는 없는 수다쟁이 야생 수달 '달수'(목소리 연기 박철민)가 등장해 관객들에게 웃음을 선사하고, 청둥오리 파수꾼 선발을 위해 초록이 참가하는 비행 시합 장면을 넣어 박진감을 더했다.

황선미(1963년생) 작가는 집필한 책이 두 권이나 100만 부 이상 판매를 기록한 밀리언셀러 작가다. 대표작으로 꼽히는《마당을 나온 암탉》은 영화화와 함께 돌풍을 일으키면서 100만 부 고지를 넘었고, 또 다른 대표작《나쁜 어린이 표》도 2011년 100만 부를 넘겼다.《나쁜 어린이 표》는 담임선생님으로부터 '착한 어린이 표' 스티커를 받으려고 노력하지만, 번번이 '나쁜 어린이 표'를 받는 아이의 심리를 세밀하

아카시아 ⓒ김태정

게 묘사한 작품이다. 초등학교 교사인 아내는 "《나쁜 어린이 표》를 읽고 애들이 이렇게 느끼는구나 싶어 깜짝 놀랐고, 그 뒤로 다시는 스티커를 주지 않고 있다"라고 말했다.

우리 어린이문학에서 100만부를 넘긴 작품으로는 황 작가의 두 작품 외에 권정생 작가의 《몽실 언니》와 《강아지똥》, 김중미 작가의 《괭이부리말 아이들》 등이 있다.

20세기, 우리 민족과 애환을 함께한 아카시아나무

아카시아나무는 초여름에 활짝 피어 향긋한 꽃내음을 주고, 어린 시절 추억을 떠올리게 해주는 나무다. 포도송이처럼 주렁주렁 달린 꽃은 어린 시절 허기를 달래는 간식거리였고, 깃털처럼 줄줄이 달린 잎은 다양한 놀이의 도구였다. 가위바위보를 해서 이기는 사람이 하나씩 잎을 따내 먼저 다 따내는 사람이 이기는 놀이도 있었고, 손가락으로 아카시아 잎을 튕겨서 잎을 많이 떨어뜨리는 게임도 있었다. 여자아이들은 잎사귀를 모두 따낸 줄기로 머리를 돌돌 마는 아카시아 파마 놀이를 했다.

아카시아나무는 꿀을 주는 대표적인 밀원(蜜源)식물이기도 하다. 우리나라 꿀 생산량의 70퍼센트 정도가 이 나무의 꽃에서 나온다.

아카시아나무는 20세기 들어 우리 민족과 애환을 함께했다고 할 수 있다. 북아메리카 원산인 이 나무가 포플러와 함께 우리나라에 들어온 때는 구한말이다. 왕성한 생명력으로 황폐한 땅에서도 잘 자라기 때문에 일제강점기부터 헐벗은 산을 녹화하기 위해 전국에 심었다. 그래서 아카시아는 일제가 우리나라를 망치려고 좋은 나무 다 베어내고 심은 나쁜 나무라는 인상이 있다. 일제강점기부터 전국에 심은 것은 맞지만, 박정희 대통령 시절에도 '치산녹화(治山綠化)'를 강조하며 속성 조림을 위해 이 나무를 대대적으로 심도록 했다. 이렇게 해서 1970년대에는 우리나라 전체 산림의 10퍼센트를 아카시아나무가 차지했다고 한다.

그러나 최근 아카시아나무는 주변에서 눈에 띄게 줄어들고 있다. 이 나무를 땔감으로 쓰는 용도가 사라지면서, 쓸모는 없으면서 다른 나무의 성장을 억제해 산을 망치는 '나쁜 나무'라는 인식이 퍼졌기 때문이다. 그래서 지방자치단체들이 마구 베어내고 있다.

아카시아나무가 줄어드는 것은 숲의 천이(遷移) 과정상 자연스러운 일이기도 하다. 아카시아는 햇빛을 바로 받아야 잘 자라는 나무인데, 참나무 등 햇빛이 적어도 잘 자라는 나무들이 치고 들어오면서 그늘에 가려 힘을 못 쓰고 있는 것이다. 콩과식물인 아카시아나무는 뿌리가 땅속 깊숙이 내리지 않고 얕은 땅속을 거의 수평으로 뻗는 특징이 있다. 뿌리혹박테리아를 통해 공기 중의 질소를 양분으로 삼기 위해

서다. 그러다 보니 아카시아나무는 강한 바람에 취약하다. 특히 2010년 전국을 강타한 태풍 곤파스가 전국의 아카시아나무들에게 막대한 피해를 끼쳤다. 그런 이유로 지금은 아카시아가 전체 숲의 2퍼센트 미만을 차지할 정도로 줄었다고 한다. 이 나무가 한 세기 동안 제 역할을 다하고 사라져가는 과정에 있는 것이다.

아카시아

아카시아나무의 정식 명칭은?

ⓒ김태정　# 아카시아

아카시아나무의 정식 명칭은 '아까시나무'다. 원래 아카시아(Acacia)나무라고 부르는 나무는 열대지방에서 자라는 다른 나무라고 한다. 우리가 지금 아카시아나무로 부르는 나무의 정확한 이름은 '로비니아 수도아카시아'(Robinia Pseudoacacia)로, 로비니아속에 속하는 가짜(Pseudo) 아카시아라는 뜻이다. 산림청과 학계에서는 진짜 아카시아나무와 구별하기 위해 '아까시나무'라고 이름을 지었다.

그러나 사람들은 '아카시아'라는 친숙하고 정감 어린 이름을 버리지 못하고 있다.《마당을 나온 암탉》에서도 아카시아나무라고 쓰고 있다. 큰 문제가 있는 것도 아닌데, 한 세기 넘게 써온 이름을 바꾸어 혼란을 가져올 필요가 있는지 모르겠다. 혼란이 더 커지기 전에 학계에서 이름을 원위치시키는 논의를 해보았으면 좋겠다.

정채봉 《오세암》
스님을 기다리던 동자승의 넋, 동자꽃

동자꽃

　야생의 동자꽃을 처음 본 것은 딸들을 데리고 강원도 인제 곰배령에 갔을 때였다. 진동리에서 강선마을을 거쳐 곰배령에 이르는 길은 5.5킬로미터로, 당시 초등학교 1학년인 큰딸에게는 힘든 코스였을 것이다. 작은딸은 중간에 울어 엄마 등에 업혀서 돌아갔다. 큰딸도 마지막 가파른 길을 오를 때는 거의 울 듯했다. 그러나 마침내 곰배령에 올라 너른 평원에 환상적으로 펼쳐진 동자꽃, 둥근이질풀 군락을 보곤 신나서 뛰어다녔다. 이제 중학생인 큰딸에게 "동자꽃 하면 무엇이 떠오르느냐"라고 묻자 "곰배령"이라고 했다.

동자꽃은 눈에 잘 띄는 독특한 색깔과 고운 자태에다 이름까지 특이해 한번 보면 잊기 어려운 꽃이다. 아이들도 다른 꽃 이름은 금방 잊어버려도 이 꽃 이름만큼은 단번에 기억했다.

이 꽃이 동자꽃이라는 이름을 얻은 것은 암자를 떠난 스님을 기다리다 죽은 동자(童子)에 얽힌 설화 때문이다. 설악산 마등령 자락에 백담사 부속 암자로 관음암이 있었다. 그런데 조선 인조 때 다섯 살짜리 동자승이 한겨울 암자에서 홀로 스님을 기다리다 성불했다고 해서, 암자 이름을 관음암에서 오세암으로 고쳤다고 한다. 정채봉(1946~2001)의 동화《오세암》은 바로 이 설화를 바탕으로 쓴 것이다.

한겨울 스님을 기다리다 성불한 동자승 설화

동생 길손이와 누나인 감이는 부모를 잃고 떠돌이 생활을 하는 아이들이다. 길손이는 눈먼 누나의 눈 역할을 하고 누나 감이는 길손이의 엄마 역할을 하면서 살아가는 것이다. 그러다 남매는 한 스님에 이끌려 절에서 생활하기 시작한다.

그런데 길손이는 조용한 절을 뒤집어놓는다. 이불에 오줌 싸는 일은 사흘에 한 번꼴, 조용해야 할 선방으로 날짐승을 몰아와 우당탕거리는 일은 이틀에 한 번꼴, 법회 때 한가운데 앉아 있다가 방귀를 뽕

소리가 나게 뀌질 않나, 불개미를 잡아와서 스님들의 바짓가랑이 속으로 들여보내지를 않나. 스님은 길손이가 장난이 심해 젊은 스님들로부터 미움을 받는 것을 보고 길손이를 데리고 암자로 가기로 마음먹는다.

스님은 마음의 눈을 가지면 장님인 누나도 볼 수 있을 것이라고 말한다. 길손이는 마음의 눈을 얻기 위해 스님을 따라 깊은 산 속에 있는 관음암에 공부하러 떠난다.

그런 길손이에게 소원이 하나 있다. 한 번이라도 엄마를 가져보는 것, '엄마'라고 불러보는 것이다. 길손이는 암자 골방 그림에 있는 관세음보살을 엄마라고 부른다.

어느 날 스님이 겨울을 보낼 물건들을 구하기 위해 길손이를 홀로 두고 장에 다녀오는데 폭설이 내리기 시작했다. 스님은 사력을 다해 돌아가려고 했지만 쌓인 눈 때문에 그만 눈 위에 쓰러지고 만다.

스님이 감이를 데리고 다시 관음암으로 향한 것은 길손이를 혼자 두고 떠나온 지 한 달 하고 스무 날째였다. 길손이는 관세음보살 그림 아래에서 엄마의 품안에 아주 편안히 누운 것처럼 죽어 있었다. 이후, 감이가 눈을 뜨는 기적이 일어난다. 그리고 동시에 설악산에는 꽃비가 내려 솜다리, 금낭화, 금강초롱, 철쭉꽃이 온통 산을 덮는다.

여기까지가 정채봉 선생이 쓴 동화 《오세암》의 이야기다. 이 동화는 초등학교 교과서에 실릴 정도로 문학성을 인정받았으며, 2003년 엔 애니메이션 영화로도 만들어졌다.

스님은 동자승을 양지바른 곳에 고이 묻었고, 이듬해 여름 그 자리에 동자승의 얼굴처럼 동그랗고 발그레한 주황색 꽃이 한 송이 피어났다. 사람들은 이 꽃을 동자의 넋이 피어난 것으로 여겨 '동자꽃'이라 불렀다. 동자꽃은 스님을 기다리던 동자승처럼 지금도 항상 산 밑을 바라보며 꽃을 피운다고 한다. 가만히 보면 동자꽃은 꼭 귀여운 동자가 웃는 모습과 닮았다. 오세암은 만해 한용운이 시 〈님의 침묵〉을 탈고한 곳이기도 하다.

《오세암》은 1984년 발표한 이후 아름다운 문장과 깊은 울림으로 꾸준한 사랑을 받았다. 정채봉의 동화는 특히 따뜻한 시선을 바탕으로 단어 하나하나, 문장 한 줄 한 줄에 간절함이 가득하고, 문장이 간결하면서도 아름답다는 평을 듣고 있다.

정채봉 선생은 전남 순천의 작은 바닷가 마을에서 태어났다. 어머니는 그와 여동생을 낳고 스무 살 꽃다운 나이에 세상을 등졌다. 아버지 또한 일본으로 이주해 거의 소식을 끊다시피 하여 정채봉 남매는 할머니 손에서 자랐다. 이런 사실은 작가의 마음에 큰 상처로 남았지만, 고아 남매를 다룬 《오세암》을 쓰는 데 자양분으로 작용한 것 같다.

선생은 생전 인터뷰에서 "어머니에 대한 그리움을 풀지 못하니 자꾸 글로 나타나는 것 같다. 의식적으로 어머니에 대해 안 쓰려고 하는데도 쓰다 보면 글에 어머니가 나타난다"라고 말했다.

  작가는 원래 동화에 큰 관심이 없었다. 그런데 어느 날 누워서 생텍쥐페리의 《어린 왕자》를 읽다 자신도 모르게 무릎을 꿇고 책을 읽었을 정도로 충격을 받고 동화로 승부를 내보겠다는 결심을 했다. 선생은 또 1988년부터 동화학교를 열어 동화작가를 지망하는 제자들을 양성했다. 선생은 늘 "동화란 예쁜 글을 자랑하는 잔재주가 아니다. 아이들의 마음을 먼저 알아야 한다"라고 강조했다고 제자들은 전했다. 선생의 딸 정리태 씨도 동화작가로 활동하고 있다. 선생이 월간 《샘터》에 연재한 〈생각하는 동화〉 시리즈는 많은 독자들의 사랑을 받으면서 '성인 동화'라는 신조어도 만들어냈다. 순천시는 2010년, 순천을 대표하는 소설가 김승옥 작가와 정채봉 선생의 생애와 문학을 기리기 위한 '순천문학관'을 순천만에 개관했다.

지리산·곰배령, 동자꽃의 추억

  2008년 7월 말 여름휴가 때 아내와 지리산을 종주한 적이 있다. 이틀 만에 험한 산길 30여 킬로미터를 걷는 힘든 일정이었지만 동자꽃, 원추리, 노루오줌, 꿩의다리, 산수국 등 지리산 야생화를 원 없이 보았다. 노고단 고개에 올라 주황색 동자꽃과 노란 원추리 군락을 배경으로 기념사진을 찍었다. 세석산장 주변도 동자꽃, 원추리, 꼬리풀, 선분홍색 둥근이질풀, 노란색 뱀무 등 귀한 야생화들이 널려 있어서 마치 야생화 현장 답사를 온 듯했다. 금방이라도 빙글빙글 돌 것 같은 물레나물도 지천으로 있었다. 수목원보다 꽃이 더 많았으면 많았지 적지는 않을 듯했다. 동자꽃은 한여름인 6~8월에 주황색 꽃이 피는데 제때 지리산을 찾은 것이다. 지리산 동자꽃은 특히 햇볕을 충분히 받고 영양 상태도 좋아서인지 선명한 주황색이 짙을 대로 짙었다.

후에 지리산에서 찍은 동자꽃 사진을 보여주며 아이들과 《오세암》 이야기, 곰배령 동자꽃 추억 등을 얘기했다. 나는 기회가 있을 때마다 두 딸에게 풀꽃 이름을 알려주고 있다. 우리 애들은 어려서 아빠한테 꽃 이름을 자꾸 물어본 '죄'로, 등산할 때나 길을 가다가도 아래를 가리키면 바랭이·꽃마리 같은 풀꽃 이름을, 위를 가리키면 물오리나무 같은 나무 이름을 대야 할 때가 많다. 큰딸이 식물 탐사 야외학습에 가서 선생님께 '식물박사'라고 칭찬받았다는 말을 듣고 뿌듯했다. 우리 딸들에게 꽃 이름, 풀 이름을 알려주는 것이 장기적으로 아주 좋을 것이라고, 언젠가는 애들이 결정적으로 도움을 받을 것이라 믿고 있다.

나는 시골에서 자랐지만 어렸을 때 개나리, 진달래처럼 흔한 꽃이나 질경이, 쇠비름같이 식물채집을 한 풀 이름 외에는 아는 것이 별로 없었다. 산과 들에 흔하디흔했던 꽃과 식물들 이름을 알면서 컸더라면 얼마나 좋았을까 하는 생각이 든다. 한 전문가는 "자녀들에게 야생화 이름 한 100개쯤 가르치면 심성 교육은 따로 필요없는 것 아니냐"라고 했단다. 나는 이 말이 꼭 맞기를 기대하고 있다.

동자꽃
제비동자꽃
털동자꽃

동자꽃

제비동자꽃

ⓒ심태성 # 털동자꽃

꽃잎은 영락없는 하트 모양

동자꽃은 카네이션·패랭이꽃과 함께 석죽과에 속하는 여러해살이풀이다. 참나리·원추리처럼 화려하지는 않지만 그래도 튀는 색깔에 화사한 것이 인상적인 꽃이다. 우리나라에는 제주도와 울릉도 같은 섬 지방을 제외하고는 어느 산에서나 만날 수 있을 정도로 널리 분포해 있다.

꽃은 줄기 끝과 잎겨드랑이에서 나와 한 송이씩 피어난다. 꽃받침은 긴 곤봉 모양으로 꽃잎을 감싸고, 꽃잎은 다섯 개다. 꽃잎 하나하나를 자세히 보면 좀 복잡하다. 꽃잎은 가운데가 오목하게 들어가 영락없는 하트 모양이다. 꽃잎 양쪽에 한 개씩 좁은 조각이 있는 것이 이 꽃의 특징이다. 또 꽃의 안쪽에 열 개의 작은 비늘 조각이 있다. 줄기에서 마주나는 잎은 타원형에 가깝다.

동자꽃과 비슷한 종류로는 짙은 홍색의 꽃잎이 제비 꼬리처럼 깊이 갈라진 제비동자꽃이 있다. 제비동자꽃은 꽃이 워낙 독특해서 한번 보면 감탄이 절로 나온다. 전체적으로 잎과 줄기에 흰색 털이 많이 나 있는 털동자꽃도 있다. 털동자꽃은 우리나라 중부 이북의 산지, 즉 추운 곳에서 자라 털이 많은 모양이다.

박범신 《은교》
싱그러운 소녀의 향기, 쇠별꽃

> "
> 고향집 뒤란의 개울가에 무리져 피던 쇠별꽃이
> 내 머릿속에 두서없이 흘러갔다.
> 브이라인 반팔 티셔츠가 흰 빛깔이어서
> 더 그렇게 느꼈을 것이다.
> "

　6월 초 토요일, 남한산성 등산로 입구부터 산성을 따라가는 길목은 어디나 '쇠별꽃' 천지였다. 박범신 장편소설 《은교》를 읽은 직후라 더욱 눈에 잘 띄었는지 모르겠다. 쇠별꽃은 남한산성에만 특별히 많은 것이 아니라 전국 어느 산기슭, 어느 길가에서나 흔히 만날 수 있다. 영화로도 만들어져 화제를 모은 소설 《은교》에서 작가는 여주인공 은교를 쇠별꽃에 비유했다.

한 소녀가 데크의 의자에 앉은 채 잠들어 있었다. (중략) 소나무 그늘이 소녀의 턱 언저리에 걸려 있었다. 사위는 물속처럼 고요했다. 나는 곤히 잠든 소녀를 가만히 들여다보았다. 열대엿 살이나 됐을까. 멍털이 뽀시시한 소녀였다. 턱 언저리부터 허리께까지, 하오의 햇빛을 받고 있는 상반신은 하앴다.
쇠별꽃처럼. 고향집 뒤란의 개울가에 무리져 피던 쇠별꽃이 내 머릿속에 두서없이 흘러갔다. 브이라인 반팔 티셔츠가 흰 빛깔이어서 더 그렇게 느꼈을 것이다.

나는 고요히 그애의 머리칼을 만져보았다.
그애의 젊은 머리칼에서 적멸(寂滅·사라져 없어짐) 없는 빛이 흘러나왔고, 쇠별꽃 같은 향기가 풍겨나왔다. 셔츠를 가만히 당겨 그애의 어깨를 가려주었다. 투명하고 싱그러운 어깨였다.

이 소설에서는 노시인이 젊은 은교를 바라보는 시선이 가장 큰 읽을거리인데, 그중에서 은교를 쇠별꽃에 비유한 대목이 하이라이트다. 첫 번째 대목은 시인이 어느 날 오후 자기 집 데크 의자에서 햇빛을 받으며 자고 있는 은교를 목격하는 순간으로, 시인이 은교를 처음 만나는 장면이다. 두 번째 대목은 비오는 날 은교가 시인 집에 와서 자다가 천둥소리에 놀라 시인 옆으로 와 쌔근쌔근 잠들어 있는 모습을 바라보는 장면이다.

쇠별꽃은 작은 별처럼 생긴 흰 꽃과 초록색 잎과 줄기 등 딱 두 가지 색만 있는 꽃이다. 그래서 첫눈에 앙증맞다, 싱그럽다는 느낌을 준다. 소설 속 은교의 이미지와 잘 맞는 꽃이다.

쇠별꽃 같은 처녀, 은교

소설은 자신이 남긴 노트를 죽은 지 1년 후 공개하라는 시인의 유언에 따라 변호사가 노트를 펼치는 장면으로 시작한다. 노트에는 예순아홉의 노시인이 열일곱 소녀 한은교를 사랑했고, 애제자였던 베스트셀러 작가 서지우를 살해했다는 충격적인 고백을 담고 있다.

노시인 이적요는 원래 여성에 대한 욕망을 하찮게 생각했고, 자신을 매혹하는 여성을 만나지도 못했다. 나이가 들면서 성기능도 잃었다. 그런 시인이 자신의 집 데크 의자에 앉아 잠들어 있는 소녀를 발견했을 때 욕망이라는 낯선 감정을 느낀다. 은교는 '눈에 확 띄는 미인이라곤 할 수 없지만' 귀엽고 해맑고 붙임성이 좋았다. 소녀는 시인 집 청소 알바를 하기로 하면서 수시로 드나들기 시작한다. 은교가 시인을 눕히고 가슴에 문신을 그려줄 때 노시인의 남성 심벌이 살아나는 일도 생긴다. 영화에서는 이 장면을 은교의 윗옷에서 젊은 시인이 나오는 것으로, 즉 회춘하는 것으로 표현했다.

시인의 제자 서지우는 문학적 재능을 갖지 못했다. 그런데 노시인이 준 소설을 자기 이름으로 내서 베스트셀러 작가 대열에 오른다. 서지우와 은교의 관계는 일종의 원조교제와 비슷하다. 은교가 서지우에게 "원조교제 하자는 거죠?"라고 말하는 대목도 있다. 시인의 집을 찾아와 데크 의자에서 잠들기 전에도 두 사람은 알고 지냈다. 이런 사실을 모르는 상태에서 시인은 서지우가 은교와 애정 행각을 벌이자 질투와 함께 자신을 능멸하는 것으로 판단한다. 여기에다 서지우가 시인의 단편을 훔쳐 가 자기 이름으로 내고, 사람을 시켜 시인을 '썩은 관'이라고 모욕하자 교통사고로 위장해 그를 살해한다. 그리고 시인은 치료를 거부한 채 죽음을 맞는다.

　이 소설은 74세의 괴테가 19세의 울리케를 사랑한 이야기를 연상시킨다. 4년 전 아내와 사별한 74세의 괴테는 마리엔바트라는 휴양지에서 여름을 보냈다. 거기서 괴테는 차분한 성품에다 막 소녀티를 벗고 은은한 여인의 향기를 뿜어내는 울리케를 만나 첫눈에 반했다. 둘은 무려 55세의 나이 차이가 났다. 괴테는 본심을 숨긴 채 울리케에게 접근해 말린 꽃다발을 선물하는 등 환심을 산 다음 마침내 청혼했다. 그러나 울리케는 정중하게 거절의 뜻을 전달했다. 괴테는 바이마르로 돌아가는 여정 내내 실연의 아픔을 삭이며 명시 〈마리엔바트의 비가(悲歌)〉를 써내려갔다.

쇠별꽃

싱그러운 봄 내음, 작은 별처럼 생긴 쇠별꽃

《은교》의 미덕은 노인의 사랑과 욕망을 섬세하게 그려낸 데 있을 것이다. 작가는 시인의 입을 빌려 "사랑의 발화와 그 성장, 소멸은 생물학적 나이와 관계가 없다"라고 말한다. 특히 잠자는 은교에 대한 묘사, 은교가 입김으로 화아, 뽀드득뽀드득 같은 소리를 내며 유리창을 닦는 장면 등은 감각적이고 생생하다. 소설 속 표현대로 '관능적'이다. 노시인의 은교에 대한 사랑과 욕망은 일정한 경계선을 넘지 않고 절제를 보이면서 더욱 빛나고 있다.

또한, 단어 하나, 문장 하나마다 작가가 심혈을 기울인 것을 느낄 수 있다. 다 읽고 나서야 '작가의 말'에서 "밤에만 읽기 바란다"는 당부를 보았는데, 처음 읽는 분들은 참고하기 바란다.

영화는 소설에 나오는 갈등을 조장하는 에피소드들, 예컨대 서지우가 이미 은교를 알고 지냈다는 점, '노랑머리'가 학교 앞에서 은교를 기다리는 시인을 모욕하는 장면 등은 넣지 않았다. 그래서 소설을 읽으면 영화에서는 우발적인 행동으로 보인 장면들에 그만한 이유가 있었다는 것을 알 수 있다.

노시인의 욕망에 절제를 보인 소설과 달리, 영화는 흥행을 고려해서인지 경계를 넘는 노출 장면을 여과 없이 내보낸 것이 거슬린다. 다만 은교 캐스팅은 제대로 한 것 같다. 작가 박범신은 영화 촬영장에서 은교를 연기한 신인배우 김고은을 처음 보고 소설 속 은교의 이미지와 너무 닮아서 깜짝 놀랐다고 했다.

박범신(1946년생) 작가는 1973년 등단해 40년 동안 50여 권의 소설을 썼다. 그는 《은교》와 함께 최근 쓴 《촐라체》, 《고산자》를 '갈망 3부작'이라 부른다. 세 작품 모두 이루기 어려운 꿈을 계속 꾸는 사람들의 갈망을 담았다는 것이다. 《촐라체》는 히말라야 촐라체 북벽을 오르는 사람들의 이야기를, 《고산자》는 고산자(古山子) 김정호의 생애를 그린 작품이다.

작가는 한 인터뷰에서 "《은교》를 쓴 이후 '여고생 애인이 있느냐'

는 질문을 많이 받았는데, 여고생 애인은 없다. 은교는 죽기 전에 이루고 싶은 꿈, 이루기 어렵지만 본원적으로 가진 꿈을 뜻하는 관념적인 존재"라고 말했다. 그는 "《은교》를 한 달 반 만에 완성했다"고 했다. 2011년, 그는 명지대 교수직을 비롯해 모든 직책을 내려놓고 고향인 충남 논산으로 귀향했다. 일주일에 5일은 논산에서, 2일은 아내가 있는 서울 집에 머무는 '5촌 2도' 생활을 하고 있다.

쇠별꽃은 별꽃과 함께 전국의 집 근처, 산기슭, 길가 등 약간 습한 곳에서 흔히 볼 수 있다. 5~6월이면 전국 어디서나, 도심 한복판에서도 반경 100미터 이내에서 이 꽃을 찾는 데 어려움이 없을 것이다. 그래서 별꽃, 쇠별꽃은 개망초와 함께 '잡초'하면 떠오르는 풀이다. 예쁜 꽃 이름은 꽃 모양이 작은 별과 같다는 데서 유래한 것이다. 쇠별꽃에서 '쇠'자는 동식물 이름 앞에 붙어 '작은'의 뜻을 나타내는 접두어다. 쇠별꽃 향기는 평소 의식하지 못했는데, 《은교》를 읽고 맡아보니 싱그러운 풀 내음이 나는 것 같기도 했다.

여주인공을 쇠별꽃에 비유한 소설을 만날 줄은 몰랐다. 소설《은교》는 절묘하게도 쇠별꽃이 등장하면서 문학적인 성취와 향기를 더한 것 같다.

별꽃 쇠별꽃

쇠별꽃은 암술대 다섯 개, 별꽃은 세 개

쇠별꽃

별꽃

쇠별꽃은 카네이션, 패랭이꽃과 같은 석죽과 식물이다. 쇠별꽃 등 별꽃 속의 식물들은 꽃잎이 다섯 장인데, 꽃잎 하나가 깊게 갈라져 두 개처럼 보이는 것이 특징이다. 그래서 전체적으로 열 장의 꽃잎이 있는 것처럼 보인다. 또 줄기 밑부분 잎들은 잎자루가 길지만 위로 올라갈수록 짧아져 윗부분 잎은 잎자루가 없는 것도 특징이다.

별꽃과 쇠별꽃을 구분하는 포인트는 꽃 가운데 있는 암술대 숫자를 보는 것이다. 별꽃은 암술대가 세 개여서 삼발이처럼 보이지만, 쇠별꽃은 암술대가 다섯 개여서 바람개비처럼 보인다. 꽃들이 너무 작아서 가까이 들여다보아야 암술대가 보인다. 또 별꽃은 꽃을 받치고 있는 초록색 꽃받침이 꽃잎보다 긴 반면, 쇠별꽃은 짧거나 비슷하다.

쇠별꽃은 학명이 'Stellaria Aquatica SCOP.'인데, 속명은 라틴어 Stella(별)에서 유래한 명칭이고, 종명 'Aquatica'에서 'Aqua'는 물을 뜻하는 것이다. 결국, 학명은 '습한 곳에서 잘 자라는 별 모양의 꽃' 정도의 의미를 담고 있다. 별꽃·쇠별꽃 등을 영어로는 'Chickweed'라고 부르는데, '병아리풀' 정도로 해석할 수 있겠다. 이는 병아리처럼 작고 귀여운 풀이라는 뜻일 수도 있고, 병아리가 모이로 먹는 풀이라는 해석도 있다.

검붉은 꽃밥이 인상적인 개별꽃도 있는데 산에서 자라고 꽃이 커서 쉽게 구분할 수 있다. 이밖에 꽃잎이 살짝만 갈라진 점나도나물, 털이 없어 깔끔한데다 수술에 노란 꽃밥이 있는 벼룩나물, 꽃잎 다섯 장이 전혀 갈라지지 않고 온전한 벼룩이자리 등도 비슷하게 생겼다.

김유정 〈봄봄〉
해학이 넘치는 가족 갈등, 꽃며느리밥풀·사위질빵

> "성례시켜 달라지 뭘 어떡해."
> 하고 되알지게 쏘아붙이고
> 얼굴이 발개져서 산으로 그저 도망질을 친다.

　김유정의 단편소설 〈봄봄〉은 1930년대 강원도 농촌 마을을 배경으로, 순박한 데릴사위와 영악한 장인 사이의 갈등을 해학적으로 다루고 있다. 중고등학교 시절 '고구려 데릴사위제, 옥저 민며느리제'라고 외운 기억이 나는데, 데릴사위제가 1930년대 우리나라 농촌에도 남아 있었던 모양이다.
　'나'는 대가도 받지 못하고 머슴살이를 하는 데릴사위다. 삼 년 일곱 달째 세경 한 푼 안 받고 일하고 있지만, 장인은 열여섯 살 점순이의 키가 크지 않는다는 핑계로 혼례를 미룬다. '밭가생이로 돌 적마다 야릇한 꽃내가 물컥물컥 코를 찌르는' 어느 날, 점순이도 아버지를 졸라보라고 은근히 채근한다. 그 대목은 이렇다.

> 고개를 푹 숙이고 밥 함지에 그릇을 포개면서 날더러 들으라는지 혹은 제 소린지
> "밤낮 일만 하다 말 텐가!" 하고 혼자서 쫑알거린다. 고대 잘 내외하다가 이게 무슨 소린가. 하고 난 정신이 얼떨떨했다. 그러면서도 한편 무슨 좋은 수나 있는가 싶어서 나도 공중을 대고 혼잣말로,
> "그럼 어떡해?" 하니까,
> "성례시켜 달라지 뭘 어떡해." 하고 되알지게 쏘아붙이고 얼굴이 발개져서 산으로 그저 도망질을 친다.

그래서 나는 장인을 데리고 구장(동네 어른)한테 가서 따져보지만 그는 장인 편에 서서 "농번기에 농사일을 망치면 감옥에 간다"라고 위협해 빈손으로 돌아온다. 점순이는 "구장님한테 갔다 그냥 온담 그래!", "쇰(수염)을 잡아채지 그냥 둬, 이 바보야!"라고까지 말한다.

예비신부가 그렇게까지 말하는데 가만히 있을 남자가 어디 있겠는

가. '나'는 장인과 대판 싸움을 벌인다. 내가 일터로 가려다 말고 드러눕자 화가 난 장인이 발길질한다. 이에 나는 장인의 수염은 물론 사타구니를 잡고 늘어졌고, 장인은 '할아버지'라고 외치다 점순이를 부른다. 장모는 그렇더라도 점순이는 내 편일 줄 알았다. 그런데 점순이까지 내게 달려들어 "이 망할 게 아버지 죽이네!"라며 귀를 잡아당기자 '나'는 망연자실해 '암만해도 그 속을 알 수 없는' 점순이 얼굴만 바라본다.

점순이는 왜 "쐄을 잡아채지"라고 '나'를 부추겼다가 정작 내가 장인과 한판 싸움을 벌이자 자기 아버지 편을 들며 배신(?)을 했을까. 수염만 잡아채야지 사타구니까지 잡고 늘어졌기 때문일까. 이처럼 김유정 소설에는 해학과 함께 뜻밖의 반전이 있어서 글을 읽는 재미를 더하고 있다. 다른 단편소설 〈동백꽃〉에서도 점순이는 나를 계속 못살게 굴다가 나를 안고 동백꽃 속으로 쓰러지는 반전을 만든다.

김유정의 고향인 강원도 춘천 실레마을에는 〈봄봄〉의 점순이네 집터가 그대로 남아 있다. 참봉댁 마름으로 나오는 김봉필은 실레마을에서 '욕필이'로 통했던 실존 인물이라고 한다. 그는 실제로 딸만 여럿 낳아 데릴사위를 들여 부려 먹었다고 전한다. 나(머슴) 역시 인근 동네(학곡리)에서 홀어머니를 모시고 살다 장가가기 위해 데릴사위로 들

꽃며느리밥풀

며느리밑씻개

어온 최순일이라는 실제 인물이다. 김유정이 술 한잔 걸치고 귀가하다가, 혼례를 시켜주지 않는다며 예비장인과 데릴사위가 대판 싸우는 장면을 보고 메모해두었다가 〈봄봄〉을 썼다는 것이다.

〈봄봄〉은 장인과 예비사위의 갈등을 다루고 있지만, 사실 우리에게는 시어머니와 며느리의 갈등(고부 갈등)을 다룬 소설이 더 익숙하다. 예를 들어 1979년 나온 박완서의 단편소설 〈황혼〉은 강변 아파트를 무대로 시어머니에게 어머니라는 칭호도 쓰지 않는 며느리와 이 때문에 가슴앓이를 하는 시어머니의 갈등을 다루고 있다.

며느리 설움이 담긴 '꽃며느리밥풀'

시어머니와 며느리 갈등은 옛날 우리네 생활의 일부였을 정도로 흔해서 이에 얽힌 식물도 한둘이 아니다. 대표적인 것이 '꽃며느리밥풀'이다. 9월 어느 날, 관악산에 올라보니 꽃며느리밥풀이 제철이었다. 사당역 쪽 관악산 입구부터 정상 부근까지 등산로 주변에 꽃며느리밥풀이 무리 지어 피어 있었다. 입술 모양으로 벌어진 분홍 꽃잎 사이로 딱 밥풀처럼 생긴 흰 무늬 두 개가 있어서 쉽게 식별할 수 있다.

이 꽃은 '며느리의 설움'이라는 슬픈 꽃이야기를 갖고 있다. 옛날에 며느리를 심하게 구박하는 시어머니가 있었다. 어느 날 며느리가 밥이 뜸이 다 들었는지 보기 위해 밥알을 조금 먹어보았다. 그때 갑자기 시어머니가 부엌에 들어와 "어른이 먹기도 전에 버릇없이 먼저 밥을 먹는다"라고 심하게 꾸짖으며 매질까지 했다. 그 바람에 며느리는 밥알을 입에 문 채 쓰러져 죽었다. 동네 사람들이 양지바른 곳에 며느리를 묻어주자 이듬해 여름 무덤가에서 분홍 꽃이 피어났다. 그런데 꽃잎에는 하얀 밥알이 두 개씩 달려 있어서 꽃며느리밥풀로 이름 지었다는 것이다.

이름에 며느리가 들어가는 꽃은 꽃며느리밥풀 말고도 더 있다. 덩굴식물인 '며느리밑씻개'도 시어머니의 며느리 구박 이야기가 전해 내려오는 꽃이다. 며느리밑씻개 줄기에는 사나운 가시가 수없이 돋아 있다. 잘못 손을 대면 상처가 날 수 있다. 그런데 종이가 귀하던 시절, 며느리를 못마땅하게 생각한 시어머니는 며느리에게 볼일 본 후 쓰라고 며느리밑씻개를 던져주었다는 것이다. 길거리와 산기슭에 흔한 며느리밑씻개를 실세로 보면 가시가 정말 험악하게 생겼다. 며느리가 얼마나 미웠으면 이런 식물을 밑씻개로 쓰라고 던져주었을까.

며느리밑씻개와 비슷한 덩굴식물로 며느리배꼽이라는 예쁜 이름을 가진 식물도 있다. 역시 흔히 볼 수 있는 식물이고, 줄기를 둘러싸고 있는 턱잎에 까만 열매가 맺힌 모습이 며느리 배꼽을 닮았다고 붙여진 이름이다.

사위질빵 ⓒ김태정

장모의 사위 사랑 담은 '사위질빵'

꽃며느리밥풀이 피는 한여름에 흔하게 볼 수 있는 덩굴식물이 하나 더 있다. 바로 산기슭과 길가에서 흰 눈에 쌓인 듯한 분위기를 만들어 내는 '사위질빵'이다. 한여름에 눈이 덮인 것같이 탐스럽게 하얀 꽃이 피는 덩굴식물이 보이면 사위질빵이기 십상이다.

사위질빵은 꽃며느리밥풀과는 반대로, 장모의 사위 사랑이 담겨 있다. 옛날에는 노끈 대신 덩굴의 줄기로 짐을 묶어 나르곤 했다. 칡넝쿨 같으면 질겨서 지게 멜빵으로 써도 끄떡없겠지만, 사위질빵은 연약해서 조금만 힘을 주어 잡아당겨도 끊어질 수 있다.

전하는 얘기에 따르면, 장모는 가을걷이를 도우려고 오랜만에 처가에 온 사위가 뙤약볕에서 일하는 것이 안타까웠다. 그렇다고 남들 다 밭에서 일하는데 사위만 쉬라고 할 수도 없어서 꾀를 낸다. 사위는 사위질빵의 줄기로 질빵을 만들어 쓰도록 한 것이다. 질빵은 짐을 지는 데 쓰는 줄을 말한다. 당연히 사위가 조금만 무거운 짐을 지어도 질빵이 끊어졌을 것이다. 사위는 가벼운 짐만 지고 쉬엄쉬엄하라는 장모의 배려가 담겨 있다. 열매 모양도 특색이 있는데 흰색 또는 연한 갈색 털이 산발한 것처럼 난 모양이 할미꽃 열매와 비슷한 느낌을 준다.

요즘도 고부갈등은 여전하지만, 오히려 시어머니가 며느리 눈치를 보는 시대이고, 장서갈등(사위와 처가 식구들의 갈등) 얘기도 심심치 않게 나온다. 1970년대 말 나온 박완서의 〈황혼〉에서도 이미 갈등의 주도권이 며느리에게 넘어가 있고, 시어머니는 며느리의 구박에 전전긍긍하는 양상을 볼 수 있다. 지금 식물들의 이름을 새로 짓는다면 '꽃며느리밥풀', '사위질빵'은 어떤 이름을 가질까. '꽃사위밥풀', '며느리질빵'일 수도 있겠다.

꽃며느리밥풀
며느리밑씻개
며느리배꼽
사위질빵

조상들의 해학이 넘치는 꽃 이름들

꽃며느리밥풀

꽃며느리밥풀은 현삼과 한해살이풀로, 꽃은 7~8월에 가지 끝에 수상(이삭 모양)꽃차례를 이루며 분홍색으로 핀다. 꽃은 길이 1.5~2센티미터의 긴 통 모양이고 끝은 입술 모양으로 갈라졌다. 이 입술 모양으로 벌어진 분홍 꽃잎 위에 딱 밥알 모양으로 생긴 흰 무늬 두 개가 있다.

며느리밑씻개

며느리밑씻개, 며느리배꼽은 열매와 잎으로 구분할 수 있다. 며느리밑씻개는 별사탕같이 생긴 옅은 분홍색 꽃이 피고, 잎이 뾰족한 세모꼴이다. 또 잎자루가 잎의 '밑부분'에 붙어 있다. 반면 며느리배꼽은 푸른색에서 까맣게 변하는 열매가 달리고, 잎이 둥근 세모꼴이다. 잎자루도 잎의 안쪽(잎의 배꼽 부근)에 붙어 있다. 무엇보다 줄기를 감싼 턱잎 모양이 다르다. 며느리배꼽은 턱잎이 줄기를 완전히 감싸고 있지만, 며느리밑씻개는 턱잎이 다 둘러싸지 못하고 갈라져 있다.

며느리배꼽

사위질빵은 나무를 감고 올라가며 자라는 덩굴식물로, 우리나라 전역의 산기슭이나 길가, 풀밭 등에서 흔히 볼 수 있다. 비슷한 식물로 할미밀빵이 있다. 역시 할머니나 매고 다닐 수 있는 연약한 줄이라는 뜻이다. 사위질빵은 꽃잎으로 보이는 꽃받침 조각이 네 장이지만 할미밀빵 꽃받침은 다섯 장인 것이 다르다.

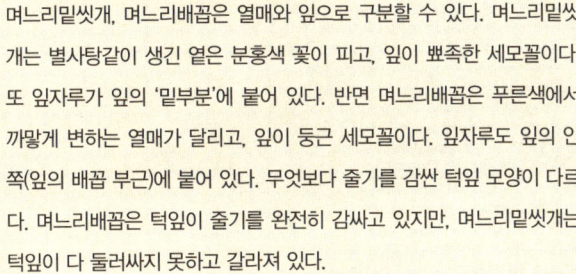
사위질빵

꽃며느리밥풀, 며느리밑씻개, 며느리배꼽, 사위질빵, 할미밀빵 모두 김유정 소설처럼 조상들의 해학이 넘치는 이름들이다.

권여선 〈처녀치마〉
기적처럼 피어오른 연둣빛 실타래, 처녀치마꽃

> "
> 한때 나의 표정 하나, 말 한마디에 몸이 달아
> 발을 구르던 너. 기적처럼 네 몸에서
> 연둣빛 실타래 같은
> 처녀치마의 잎사귀가 벌어질까.
> "

 권여선의 소설집 《처녀치마》가 나온 것을 알고부터 꼭 읽어보고 싶었다. 소설집 이름과 같은 야생화 '처녀치마'를 좋아하기 때문이다.

 권여선(1965년생)은 서울대 국어국문학과를 졸업한 후 1996년 장편소설 《푸르른 틈새》로 상상문학상을 받으며 등단했다. 그렇지만 오랜 무명 시절을 거쳐 근래 들어서야 다시 주목을 받는 중견 작가다. 2007년 단편소설 〈약콩이 끓는 동안〉으로 오영수문학상을, 2008년 〈사랑을 믿다〉로 이상문학상을, 2012년 1980년대 386운동권 세대의 체험을 반추하는 장편소설 《레가토》로 한국일보문학상을 받았다. 권씨는 '날카로운 시선으로 사람의 심리를 꿰뚫어보고 그것을 적나라하게 묘사할 줄 아는 작가'라는 평을 듣고 있다.

《처녀치마》의 표제작 〈처녀치마〉는 여주인공이 휴가를 내 1박 2일 장항선 근처에 있는 고향에 다녀오는 이야기다. 부모 위패를 모신 사찰에 다녀오고, 어린 시절 친구를 만나 술 한잔하고 귀경하는 줄거리다. 가정에 불성실한 남편을 극진히 사랑해 더욱 초라해진 어머니, 십 년을 만나는 사이 두 번 이혼한 남자와 헤어지지 못하는 노처녀 여주인공을 교차시키면서 이야기를 풀어간다.

내 관심은 제목인 처녀치마가 작품 속에 어떻게 나타나는지였다. 작품 속에서 처녀치마는 이렇게 등장했다.

> 쓸쓸한 향내가 풍기는 이 산사의 마당에서 나는 선숙이 한 소쿠리 뜯어온 처녀치마를 가지고 소꿉을 살았다. 흰 꽃은 오목한 돌멩이에 소담스레 담아 밥을 삼고 붉은 꽃은 쿵쿵 찧어 양념을 만들어 바람든 처녀치마 폭처럼 넓은 잎사귀에 발라 김치를 담갔다. (중략) 어제 아침 그의 몸에 심어둔 꽃씨에서는 어떤 꽃이 필까. 한때 나의 표정 하나, 말 한마디에 몸이 달아 발을 구르던 너. 기적처럼 네 몸에서 연둣빛 실타래 같은 처녀치

마의 잎사귀가 벌어질까. 한때나마 고맙다. 죽어서도 한때나마 너는 나를 그렇게 사랑해야 하리.

작가의 고향에는 처녀치마를 뜯어 소꿉놀이할 수 있을 정도로 그 꽃이 흔했던 모양이다. 나도 시골 출신이지만 처녀치마를 보지 못하고 자랐다. 나중에 본격적으로 꽃에 관심을 가진 후, 고향 산을 다녀보아도 처녀치마를 발견할 수 없었다.

이 소설에서 처녀치마가 그저 소꿉놀이의 소도구 정도로 쓰인 것으로 생각할 수도 있다. 소설을 다 읽고 나서 왜 '처녀치마'라는 제목을 달았는지 의아할 정도였다. 그러나 작가가 소설의 제목으로, 나아가 소설집의 제목으로 선택했다면 그럴 만한 이유가 있을 것이다.

나는 소설을 다시 한 번 정독했다. 소설은 이혼남을 사귀는 서른다섯 살 노처녀의 복잡한 감정, 이제 자신이 '그에게 아무 자극도 영감도 줄 수 없는 존재'라는 것을 느끼며 얻는 절망감을 작품 내내 드러내고 있었다. 따라서 적극적으로 해석하면 남자친구가 다시 '나의 표정 하나, 말 한마디에 몸이 달아 발을 구르기를', 자신이 그에게서 '기적처럼 연둣빛 실타래 같은 처녀치마의 잎사귀'로 피어나기를 바라는 갈망을 처녀치마로 표현한 것이 아닐까.

처녀치마

꽃과 잎이 이기씨 치마처럼 앙증맞은 처녀치마

실제로 처녀치마를 보면 참 예쁘고 앙증맞다. 아직 찬바람이 쌀쌀한 초봄에 낙엽이 쌓인 산을 지나다 처녀치마를 발견하면 신비로운 빛을 보는 것처럼 느껴질 정도다.

처녀치마라는 이름이 잎 때문인지, 꽃 때문인지는 확실치 않다. 뭉쳐나는 꽃잎도 세련된 아가씨가 입는 치마처럼 색깔과 모양이 앙증맞다. 딱 요즘 젊은 아가씨들이 입는 미니스커트같이 생겼고, 어떻게 보면 짧은 캉캉치마 같기도 하다. 로제트형으로 퍼진 잎도 치마 모양과 닮았다.

처녀치마가 일본 이름을 오역해 생긴 것이라는 견해도 있다. 소설가 윤후명 씨는 꽃을 주제로 쓴 산문집《꽃 : 윤후명의 식물 이야기》에서, 처녀치마의 일본명이 '성성이(오랑우탄)치마'인데 '성성이'의 발음인 '쇼우죠우'가 소녀라는 뜻을 가진 '쇼우죠'와 발음이 비슷해 엉뚱하게 처녀치마로 번역됐다는 견해를 밝혔다. 그러나 설령 오역 때문에 붙여진 이름이라 하더라도 처녀치마라는 이름은 참 예쁘다. 이른 봄에 피는 이 꽃의 느낌을 처녀치마가 가장 잘 담고 있는 것이다. 나는 우리 조상들이 이 꽃의 느낌을 잘 살려 지은 이름이라고 믿고 싶다.

야생화 전문가로 유명한 이유미 씨는 《한국의 야생화》에서 대학 다닐 때 현장 실습을 가서 처녀치마를 처음 대했다고 했다. 교수님은 "이 꽃은 처녀치마이니 밑에서 위로 보지 말라"라고 농담을 했다. 그러자 짓궂은 남학생들이 유일한 여학생인 자신의 눈치를 슬쩍슬쩍 보면서 일부러 고개를 땅바닥에 숙이고 꽃을 위로 들여다보며 저자 표정을 살폈다는 에피소드를 소개하고 있다.

노무현 대통령은 처녀치마를 보았을까?

처녀치마는 개인적으로 의미 있는 꽃이다. 무엇보다 책에서 본 꽃을 야생 상태로 발견하는 감동이 얼마나 아찔한지 제대로 알려준 꽃이기 때문이다.

우선 이 꽃은 이름이 특이해서 야생화 공부를 시작할 때부터 관심이 갔다. 수목원을 다니면서 가끔 이 꽃을 보았지만, 야생의 처녀치마를 처음 본 것은 2005년 4월의 봄날, 북한산에서였다. 북한산에 처녀치마가 있다는 말을 듣고 그 전해 봄에도 등산갈 때마다 일삼아 찾아보았지만 쉽게 발견할 수 없었다.

그런데 북한산 청수동암문 근처에서 낙엽이 수북이 쌓인 틈으로 연보라색으로 특이하게 생긴 꽃이 올라온 장면을 포착하는 기쁨을 맛보았다. 책에서 본 사진과 어쩌면 그렇게 똑같은지 깜짝 놀랐다. 한번 처녀치마가 보이자 그 주변에 처녀치마가 지천으로 널려 있는 광경을 볼 수 있었다.

처녀치마 덕분에 나는 꽃으로 돈을 처음 벌기도 했다. 내가 일하는 신문사에서는 개인 블로그에 올린 글이 월 조회 수 3만 건을 넘으면 수십만 원을 인센티브로 지급하고 있다. 2004년 10월쯤 '노무현 대통령은 처녀치마를 보았을까?'라는 글을 블로그에 쓴 적이 있다. 처음에는 '정치인과 꽃'이라는 제목을 달아놓았다. 김대중 · 노무현 · 박근혜 등 정치인들과 꽃에 얽힌 이야기를 다룬 내용이었기 때문이다. 그러나 밋밋한 제목 때문인지 초반 조회 수가 오르지 않았다.

그래서 제목을 '노무현 대통령은 처녀치마를 보았을까'로 바꾸어보았다. 글에는 "노무현 대통령이 꽃과 나무에 관심이 많은데, (탄핵으로 직무정지 당한 기간인 2004년) 4월 10일 광릉수목원을 찾았다"라는 청와대 보도자료를 인용하며 "4월 10일쯤은 처녀치마가 한창 꽃을 피울 때인데, 노 대통령이 꽃을 보았는지 궁금하다"라고 쓴 내용이 있었다. 그전에 나는 광릉수목원에서 처녀치마를 밭에 대량으로 심어놓은 것을 본 적이 있다. 다만 꽃은 이미 진 다음이었다.

제목을 바꾸자 조회수가 폭발적으로 늘기 시작했다. 아마도 사람들은 '대통령이 처녀의 치마를 훔쳐보았나?', '대통령이 치마 입은 예쁜 처녀와 만났나?' 등을 상상하며 이 글을 클릭한 것 같다. 댓글 중에는 '낚였다'는 내용도 있었지만 '어떻든 간에 잘 읽었다'는 내용이 더 많았다. 당연히 클릭수는 3만 건을 훌쩍 넘겨 인센티브를 받았다.

4월의 어느 주말, 처녀치마를 보기 위해 일부러 북한산 청수동암문까지 올라갔다. 아쉽게도 이미 처녀치마는 져서 활짝 핀 요염한 모습은 볼 수 없었다. 다만 높이 올라간 꽃대 끝에서 시들어버린 처녀치마만 몇 개 볼 수 있었다. 처녀치마를 보려면 초봄에 서둘러야 한다. 늦어도 4월 중순에는 산에 올라야 앙증맞은 처녀치마를 만날 수 있다.

수정한 후 훌쩍 키 크는 꽃

처녀치마

처녀치마는 전국 산지에서 자라는 백합과 식물이다. 다년생 초본으로, 주로 습지와 물기가 많은 곳에서 자란다. 꽃은 자주색 또는 보라색으로 줄기 끝에서 3~10개 정도가 뭉쳐 달린다. 가끔 흰 처녀치마를 찍은 사진도 볼 수 있다. 꽃잎 밖으로는 긴 암술대가 나와 있다. 아직 찬바람이 남아 있는 이른 봄, 주변 나무에 잎이 달리기 전에 얼른 꽃을 피운 다음, 새싹을 틔워 내실을 다지는 전략을 쓰는 식물이다. 겨울에도 약간 흐물흐물한 상태지만 푸르죽죽한 잎을 볼 수 있는 반상록성이다.

꽃이 필 때 꽃대는 10센티미터 정도로 작지만, 수정을 한 다음에는 꽃대 길이가 50센티미터 정도까지 훌쩍 크는 특이한 꽃이다. 원주 오크밸리리조트 뒷산에서 60센티미터 이상 꽃대를 높인 처녀치마를 본 적도 있다. 수정한 다음 꽃대를 높게 하는 이유는 꽃씨를 조금이라도 멀리 퍼트리는 데 유리하기 때문이다.

황순원 《소나기》
황석영 《아우를 위하여》
윤대녕 《3월의 전설》
이미륵 《압록강은 흐른다》
이문구 《관촌수필》
공지영 《봉순이 언니》
신경숙 《엄마를 부탁해》
이승우 《식물들의 사생활》

2부
꽃, 마음에 묻다

홍릉과 유릉 사이 오솔길로 들어섰을 때, 정말 소나무를 두 팔로 감싸 안은 듯한 나무가 있었다. 뿌리에서 두 줄기가 올라와 한 줄기는 오른쪽으로 퍼지고, 다른 한 줄기는 소나무 쪽으로 자라면서 다시 가지가 갈라져 두 팔을 벌린 듯 소나무를 감싸 안고 있었다. 두 나무가 바로 옆에서 자라 뿌리는 가지보다 훨씬 더 엉켜 있을 것이 분명했다.

황순원 〈소나기〉
노란 양산처럼 생긴 꽃, 마타리

> "
> 소녀는 마타리꽃을 양산 받듯이 해 보인다.
> 약간 상기된 얼굴에
> 살폿한 보조개를 떠올리며……
> "

소녀가 산을 향해 달려갔다. 이번은 소년이 뒤따라 달리지 않았다. 그러고도 곧 소녀보다 더 많은 꽃을 꺾었다.
"이게 들국화, 이게 싸리꽃, 이게 도라지꽃,……"
"도라지꽃이 이렇게 예쁜 줄은 몰랐네. 난 보랏빛이 좋아!
…… 그런데, 이 양산같이 생긴 노란 꽃이 뭐지?"
"마타리꽃."
소녀는 마타리꽃을 양산 받듯이 해 보인다. 약간 상기된 얼굴에 살폿한 보조개를 떠올리며.

다시 소년은 꽃 한 옴큼을 꺾어 왔다. 싱싱한 꽃가지만 골라 소녀에게 건넨다.

황순원(1915~2000)의 단편소설 〈소나기〉에 나오는 유명한 대목이다. 순수한 사랑을 그린 단편소설로 프랑스에 알퐁스 도데의 〈별〉이 있다면 우리에게는 〈소나기〉가 있다. 그런데 소설 〈소나기〉에 마타리꽃이 나온다는 사실을 기억하는 이들이 얼마나 될까? 소년과 소녀가 산 너머로 놀러 간 날, 소년이 소녀에게 꺾어준 여러 가지 꽃 중에서 양산같이 생긴 노란 꽃이 '마타리'다.

마타리꽃은 여름 끝자락에 피기 시작해 가을을 알리는 대표적인 꽃이다. 추석 무렵의 가을, 도로를 달리다 보면 언덕 여기저기에서 황금색 물결로 흔들리는 꽃들을 볼 수 있는데 이것이 마타리 무리다.

꽃은 물론 꽃대도 황금색으로 강렬하기 때문에 시선을 끄는 데다가 한번 보면 잊기 어렵다. 마타리는 보통 1미터 넘게 자라 다른 풀 위에서 하늘거린다. 그래서 '피어 있다'는 말보다는 '서 있다'는 말이 어울린다. 바람이라도 불면 하늘거리는 모습이 애절하기까지 하다. 작가가 마타리를 양산처럼 들고 소년을 향해 살포시 웃는 소녀의 모습을 그린 것은 아마도 애절한 느낌을 더하려는 의도였을 것이다.

어떤 이유로 '마타리'라는 이국적인 이름을 가졌는지는 확실치 않다. 1차 세계대전 당시 독일과 프랑스를 오간 이중간첩 '마타하리(Mata Hari)'를 연상시켜 나온 외래어가 아닐까 생각하는 사람도 있지만 '마타리'는 순우리말이다. 줄기가 길어 말(馬) 다리처럼 생겼다고 해서 '마타리'라고 했다는 설도 있고, 하도 냄새가 지독해 맛에 탈이 나게 하는 식물이라 '맛탈이'라는 이름이 붙었다는 설도 있다. 배가 아프면 배탈이라고 하는 것처럼, 맛을 탈나게 해서 '맛탈이(마타리)'라는 것이다.

소설에 등장하는 꽃은 마타리만이 아니다. 〈소나기〉 앞부분에 나오는 '갈꽃(갈대꽃)'에 대한 묘사도 참 아름답다.

> 단발머리를 나풀거리며 소녀가 막 달린다. 갈밭 사잇길로 들어섰다. 뒤에는 청량한 가을 햇살 아래 빛나는 갈꽃뿐.
> 이제 저쪽 갈밭머리로 소녀가 나타나리라. 꽤 오랜 시간이 지났다고 생각했다. 그런데도 소녀는 나타나지 않는다. 발돋움을 했다. 그러고도 상당한 시간이 지났다고 생각됐다.
> 저쪽 갈밭머리에 갈꽃이 한 옴큼 움직였다. 소녀가 갈꽃을 안고 있었다. 그리고 이제는 천천한 걸음이었다. 유난히 맑은 가

을 햇살이 소녀의 갈꽃머리에서 반짝거렸다. 소녀 아닌 갈꽃이 들길을 걸어가는 것만 같았다. 소년은 이 갈꽃이 아주 뵈지 않게 되기까지 그대로 서 있었다.

'갈밭머리에 갈꽃이 한 옴큼 움직였다', '갈꽃이 들길을 걸어가는 것만 같았다' 등 한 문장, 한 문장이 다 절묘하다.

결말의 여운 살리기 위해 삭제된 〈소나기〉의 마지막 네 문장

경기도 양평에는 '황순원문학촌 소나기마을'이 있다. 황순원 선생의 고향은 북한 평안남도 대동군이고 2000년에 타계할 때까지 줄곧 서울에서 살았다. 문학관은 주로 작가의 고향이나 생가에 위치하는데, 왜 양평에 황순원문학촌이 있을까.

그 이유는 〈소나기〉에 등장하는 '어른들의 말이, 내일 소녀네가 양평읍으로 이사간다는 것이었다'라는 딱 한 줄의 문장 때문이다. 이 한 줄을 근거로 황순원이 오랫동안 교수로 재직한 경희대와 양평군은 양평에 소나기마을 건립을 추진했다. 그리고 양평에서 소나기마을로 가장 적합한 곳으로 서종면 수능리를 찾아냈다. 실제로 황순원 선생은 생전에 제자들과 양평으로 자주 야외 수업 등 나들이를 가곤 했고, 황순원의 다른 단편소설 〈나무와 돌, 그리고〉에서도 양평 용문사 은행나무가 주요한 소재로 나온다고 한다.

현재까지도 독자들의 사랑을 받는 황순원의 작품은 〈소나기〉 외에도 단편소설 〈학(鶴)〉, 〈별〉, 〈목넘이 마을의 개〉, 〈독 짓는 늙은이〉, 장편소설 《카인의 후예》, 《나무들 비탈에 서다》 등이 있다. 그는 평생 문학 이외의 다른 곳에 뜻을 두지 않고 '학'처럼 고고하게 살았다. 시와 소설 외의 글은 '잡문(雜文)'이라며 쓰지 않았다. 굳이 설명이 필요 없겠지만, 문학계에서 '단아하고 정갈한 문체로 인간의 심오한 내면을 드러냈다'(문학평론가 김병익)는 평을 들었다.

원래 〈소나기〉는 1953년 처음 발표했을 때 마지막 부분에 네 문장이 더 있었다. 네 문장은 〈아마 어린것이래두 집안 꼴이 안될걸 알구 그랬든가 부지요?〉, 〈끄응! 소년이 자리에서 저도 모를 신음 소리를 지르며 돌아누웠다.〉, 〈재가 여적 안자나?〉, 〈아니, 벌써 아까 잠들었어요. ……얘, 잠꼬대 말구 자라!〉다.

이 부분은 3년 후 〈소나기〉가 작품집 《학》에 수록됐을 때부터는 빠졌다. 황순원의 제자인 김종회 경희대 교수는 "생전에 선생님으로부터 〈소나기〉 결말에 소년이 돌아눕는 내용을 넣었다가 원웅서 선생의 충고에 따라 뺐다는 말씀을 직접 들었다"라며 "〈소나기〉의 묘미인 결말의 여운을 살리는 데 탁월한 결정을 하신 것 같다"라고 말했다. 원웅서는 황순원의 평생 친구인 평론가로, 원웅서가 작고(1973년)한 후

마타리

에도 황순원은 어느 술자리에서건 마지막 잔은 "웅서, 자네 것이네"라고 산 사람 대하듯 하며 빈 그릇에 쏟아붓곤 했다고 한다.

소나기마을 냄새의 정체는?

소나기마을에 들어서면 가장 먼저 광장의 수숫단들이 보인다. 〈소나기〉에서 소년과 소녀가 비를 피하려고 작은 움막 형태로 만들어놓은 것이 이 수숫단이다. 황순원문학관은 이 수숫단 모양을 본떠 2009년에 3층으로 지어졌다. 여기에는 황순원 선생의 책도 읽고 퍼즐 게임, 낱말 맞히기 게임, 전자책 읽기, 원고지 써보기 등 여러 가지 놀이를 체험을 할 수 있는 '마타리꽃 사랑방'도 있다.

이 '마타리꽃 사랑방' 입구 벽에는 문학관 주변에서 나는 특이한 냄새의 정체를 알려주는 작은 안내문이 있다. 문학관 진입로 언덕에 7월에서 11월이면 마타리꽃이 흐드러지게 피는데, 그즈음이면 마타리 뿌리에서 특이한 인분 냄새(똥 냄새)가 나니 오해하지 말라는 내용이다.

신경숙 소설집 《모르는 여인들》에도 이 냄새가 나온다. 단편소설 〈그가 지금 풀숲에서〉에서 주인공은 교통사고를 당해 숲 속에 쓰러져 꼼짝을 못하고 있다. 그런데 '차가운 가을밤 잣나무숲에 퍼지고 있는 밤의 냄새를 깊이 들이마셨다. 밤공기 속에는 질편한 용담이나 마타리, 뚜깔의 신선한 냄새가 섞여 있었다'는 대목이 나오는 것이다.

이 냄새는 간장 냄새 같기도 하고 똥 냄새 같기도 하고 축사 냄새 같기도 한데, 시골 노인들은 이 냄새 때문에 마타리를 '똥꽃'이라고 불렀다. 한의학에서는 간장 썩는 냄새가 난다고 마타리를 '패장(敗醬)'이라고 부른다.

가을 산행철 지리산국립공원사무소에는 "지리산 곳곳에서 사람들이 볼일을 봐서 그런지 분뇨 냄새가 너무 많이 난다"라는 내용의 항의 전화가 적지 않게 온다고 한다. 그러나 지리산국립공원사무소는 "냄새의 주범은 사람의 분뇨가 아니라 우리나라 특산식물로 바위틈에 주로 사는 '금마타리'라는 식물"이라고 설명하고 있다. 가을철 잎이 노랗게 물들기 시작하면 금마타리는 사람의 분뇨 냄새와 비슷한 야릇한 냄새를 풍긴다는 것이다. 지리산국립공원사무소는 "지리산을 오르다 이상한 냄새가 나면 주위에 금마타리가 노랗게 자라고 있는 것은 아닌지 확인해보라"며 "금마타리의 독특한 냄새를 자연의 향기로 생각하면 더 즐거운 산행을 할 수 있을 것"이라고 말했다.

마타리는 사람이나 짐승이 가까이 가거나 뿌리를 캐려 하면 더욱 심한 냄새를 풍기는 것으로 알려졌다. 스컹크가 위험할 때 냄새를 뿌리듯이 마타리도 냄새를 자기방어 물질로 활용하는 것이다. 마타리는 인분 냄새가 나지만 노루오줌 등은 오줌 냄새가 나 이름에도 '오줌'이 붙었다. 마타리가 냄새는 좋지 않지만 예쁜 꽃이듯이, 노루오줌도 이름과 달리 연분홍색 꽃이 아주 근사하다.

　황순원의 〈소나기〉에는 마타리, 갈꽃 외에도 메밀꽃, 칡덩굴, 등꽃, 억새풀, 떡갈나무, 호두나무 등 다양한 꽃과 나무들이 등장하고 있다. 〈소나기〉는 여러 가지로 참 예쁜 소설이다. 마치 스토리가 있는 한 편의 시(詩) 같다.

마타리 / 금마타리

꽃송이들이 수평으로 피는 꽃

마타리

ⓒ김태정 # 금마타리

마타리는 마타리과의 여러해살이풀로, 서식 환경이 까다롭지 않아 전국의 산과 들에서 볼 수 있다.

마타리는 줄기 끝에 꽃들이 모여 피는데, 아래쪽일수록 꽃송이가 길고 위쪽일수록 짧아 꽃들이 거의 평면으로 피는 특이한 구조를 가졌다. 이런 꽃차례 형태를 '산방꽃차례'라고 부른다. 그래서 꽃모양이 우산 중에서도 바람에 뒤집어진 우산 모양이다.

마타리와 비슷하게 생긴 것으로 금마타리가 있다. 금마타리는 마타리보다 크기가 작고 잎도 갈라져 쉽게 구분할 수 있다. 마타리는 1~1.5미터 정도까지 자라지만, 금마타리는 20센티미터밖에 자라지 않고 주로 높은 산에서 자란다.

황석영 〈아우를 위하여〉
어린 시절 추억의 달콤한 맛, 까마중

> "
> 먼지를 닥지닥지 쓰고 열린 까마중 열매가
> 제법 달콤한 맛으로 유혹해서는
> 한 시간씩이나 지각하게 만들었다.
> "

어린 시절 나는 학교에서 돌아오자마자 찬장 문부터 열었다. 요즘으로 치면 냉장고 문을 여는 것이다. 그러나 아무리 뒤져도 먹을 만한 간식거리를 찾기 힘든 시절이었다. 가끔 어머니와 이모는 내가 커서도 "가방을 던지자마자 눈이 번새번새해서 찬장을 뒤졌다"라고 흉을 보았다.

생각해보면 한창 클 나이에 학교에서 돌아오면 허기를 느꼈을 법도 하다. 그러나 좀 산다는 집도 세끼 밥 외에는 아이들에게 간식거리를 줄 형편이 아니었다. 방학 때는 점심을 따로 준비하지 않는 집들이 많았다. 요즘 아이들이 먹는 피자나 치킨 같은 것은 구경조차 못하고 컸다. 어쩌다 어머니가 감자나 고구마, 옥수수를 쪄주면 허겁지겁 먹던 시절이었다.

그 시절 스스로 해결할 수 있는 먹을거리 중 하나가 '까마중'이었다. 집 뒷마당이나 밭 가에 흔했던 까마중은 한여름 까만 열매를 달고 있었고, 그런대로 달콤한 맛이 나는 게 먹을 만했다. 어릴 적 우리 동네에서는 '먹때왈'이라고 불렀다. 산딸기를 '때왈'이라고 했는데, 먹때왈은 검은 딸기라는 뜻인 것 같다.

익은 것을 다 따 먹어도 며칠 후면 다시 까만 열매가 주렁주렁 달려있었다. 얼마 전, 시골에 가서 까마중을 따서 우리 딸들에게 먹어보라고 했다. 그러나 한번 입에 넣더니 인상을 찡그리고 다시는 먹으려 하지 않았다. 나도 다시 먹어보니 밍밍한 맛이 예전에 먹던 맛은 아니다. 내 입맛도 변해버린 모양이다.

봄에는 아카시아꽃과 삘기(여러해살이풀인 띠의 꽃이삭이 밖으로 나오기 전 연한 상태인 것을 말한다. 우리는 '삐비'라고 불렀다)를 따 먹었다. 언덕이나 밭가에 많은 삘기를 까서 먹으면 향긋하고 달짝지근한 게 먹을 만했다. 삘기는 쇠면 먹지 못하기 때문에 먹을 수 있는 기간이 잠깐이었다.

까마중

  뽕나무밭에 들어가 오디(뽕나무 열매. 우리는 '오도개'라고 불렀다)를 따 먹기도 했다. 그러나 뽕밭에 들어가면 주인이 "뽕잎이 오염된다"라고 몽둥이를 들고 쫓아왔기 때문에 항상 주위를 경계하면서 따 먹어야 했다.

  여름에 산에 가면 산딸기가 지천으로 있었다. 우리 집 남매들은 여름에 밭에서 일하다 쉴 때 모두 산으로 들어가 산딸기를 따 먹었다. 우리 밭 옆에는 제법 우거진 산이 있었고, 오솔길을 따라 조금 올라가면 여름 내내 아무도 건드리지 않는 산딸기밭이 있었다. 가을에는 감을 따 먹었다. 그러다가 설익은 감을 따 먹으면 배가 아팠다. 그럴 때는 툇마루에 한참 누워 있다 보면 아픈 기가 서서히 가라앉곤 했다.

황석영(1943년생)의 〈아우를 위하여〉에서 어린 시절 추억의 먹을거리인 까마중을 발견하고 반가웠다. 서울 영등포의 먼지 나는 공장 뒷길을 배경으로 한 단편소설인데도 까마중이 나왔다.

> 너 영등포의 먼지 나는 공장 뒷길들이 생각나니. 생각날 거야, 너두 그 학교를 다녔으니까. 아침마다 군복이나 물 빠진 푸른 작업복 상의를 걸친 아저씨들이 한쪽 손에 반찬 국물의 얼룩이 밴 도시락 보자기를 들고 공장 담 아래를 줄이어 밀려가곤 했지. 우리 아버지두 그 틈에 있었을 거야. 참 그땔 생각하면 제일 먼저 까마중 열매가 떠오른다. 폭격에 부서져 철길 옆에 넘어진 기차 화통의 은밀한 구석에 잡초가 물풀처럼 총총히 얽혀서 자라구 있었잖아. 그 틈에서 우리는 곧잘 까마중을 찾아내곤 했었다. 먼지를 닥지닥지 쓰고 열린 까마중 열매가 제법 달콤한 맛으로 우리들을 유혹해서는 한 시간씩이나 지각하게 만들었다.

독재가 부당한 권력 휘두르는 현실을 풍자

〈아우를 위하여〉는 군에 입대한 아우에게 보내는 편지 형식을 취한다. 화자인 김수남은 편지에서 자신이 11세 때인 19년 전에 교실에서 벌어진 일을 회상하고 있다.

　수복된 지 수년이 지나 '나'는 피난처 부산에서 서울로 전학을 온다. 그 반 담임 메뚜기 선생은 늘 교실을 비우는 등 학생들에게 관심이 없었다. 그 와중에 이영래라는 학생이 전학을 와서 반을 장악하고 횡포를 부린다. 요즘 말로 하면 영래는 '일진'이다. 메뚜기 선생은 오히려 영래가 만든 질서를 보고 학급에 기강이 서고 자치 능력이 향상됐다며 만족한다.

　영래 패거리는 담임선생 아기의 돌 선물과 청소 도구 마련이라는 명목으로 돈을 걷고, 사소한 트집을 잡아 아이들을 매로 징계했다. 그즈음 '눈빛처럼 흰 옷깃 뒤로 묶은 머리를 길게 땋아 늘인' 사범학교 졸업반 여자 교생이 온다. 영래의 횡포를 눈치챈 교생은 "한 사람이 잘못 생각하고 있었다면 여럿이서 고쳐줘야 해요. 그냥 모른 체하면 모두 다 함께 나쁜 사람들입니다"라고 은근히 나를 책망한다.

　영래 패거리는 교생의 환심을 사기 위해 외제 나일론 스타킹을 선물하지만, 교생은 "어른은 어른다워야 하고, 어린이는 어린이다워야 한다"라며 오히려 화를 낸다.

　어느 날 교생은 반장인 영래가 단체행동에서 빠진 아이들을 벌주는 광경을 목격하고 이를 제지하면서 "(단체행동하는 것을 반에서) 의논했느냐"고 나무란다. 이 일로 영래 패거리는 교생을 미워하면서 수업 중에 교생을 모욕하는 쪽지를 돌린다. 그 쪽지 돌리기를 거부한 나는 쉬는 시간에 영래 패거리와 시비가 붙고, 반 아이들이 합세해 그들을 제압하는 내용이다.

교생은 떠나면서 주인공에게 "애써보지도 않고 덮어놓고 무서워만 하면 비굴한 사람이 됩니다"라고 말해준다. 나는 동생에게 "여럿의 윤리적인 무관심으로 정의가 밟히는 일이 있어서는 안 될 거야"라고 충고하며 편지를 마친다.

우리가 학교 다닐 때 남학생 교실에서 힘센 아이가 교실을 장악하고 횡포를 부리는 일은 흔했다. 그런 흔한 이야기로 독재가 부당한 권력을 휘두르는 현실을 풍자하고 이를 극복할 수 있는 방향까지 제시한 작가의 역량이 놀랍고도 부럽다. 짧은 단편이지만 많은 것을 생각하게 하는 소설이다.

〈우리들의 일그러진 영웅〉과 닮은꼴

〈아우를 위하여〉를 읽으면 자연스럽게 이문열의 〈우리들의 일그러진 영웅〉이 떠오른다. 문제 많은 초등학교 고학년 교실에 젊은 교사가 부임해 민주주의를 가르치면서 문제를 해결하는 과정이 유사하다. 김수남은 〈우리들의 일그러진 영웅〉에 나오는 한병태, 이영래는 엄석대 그대로고, 여자 교생은 젊은 6학년 담임과 똑같다. 〈아우를 위하여〉는

1972년에 나왔고, 〈우리들의 일그러진 영웅〉은 15년 후인 1987년 나왔다.

그러나 〈우리들의 일그러진 영웅〉의 한병태는 엄석대에게 저항하다 굴복해 엄석대 왕국에서 권력의 단맛을 즐기지만, 〈아우를 위하여〉 주인공은 굴복하는 과정 없이 아이들과 함께 스스로 영래 패거리를 제압한다는 점이 다르다. 황석영 소설에서는 문제 해결 방식이 교생의 교육을 받고 각성한 아이들 스스로를 통해 이루어지지만, 이문열 소설에서는 반 질서를 바로잡으려는 젊은 교사가 휘두른 매의 힘으로 이루어지는 점도 다르다. 이 차이가 황석영과 이문열의 철학 차이일 수도 있다.

황석영 소설은 교생의 말과 동생에게 주는 조언 등을 통해 정의, '진보의 의미와 사랑의 가치' 등을 직접적으로 드러내지만, 이문열 소설은 불의와 그에 대한 저항을 좀 더 소설적으로 형상화한 것 같다. 〈아우를 위하여〉는 단편소설이고, 〈우리들의 일그러진 영웅〉은 원고지 300장이 넘는 중편소설 규모라 분량에서 오는 차이도 있을 것이다. 물론 이문열 소설에도 민주의 대의, 혁명, 구체제, 새로운 질서, 자유와 합리, 허무주의 등의 단어들이 등장한다.

결론적으로 두 작품은 줄거리가 유사하지만, 같은 현상을 이문열이 확대 개편해 쓴 정도로 생각할 수 있다.

승려 머리를 닮은 까만 열매

까마중

까마중은 가지과 식물로, 까맣게 익은 열매가 승려의 머리를 닮았다 하여 까마중이라는 이름이 붙었다. 산이나 집 주변, 밭, 개울가, 아파트 화단 등 사람이 사는 곳 주변 어디에서나 잘 자란다. 시골은 물론 도시에서도 흔히 볼 수 있다. 전 세계의 온·열대 지역에 널리 분포하고, 우리나라에는 벼와 함께 들어왔다고 알려져 있다.

높이 20~90센티미터로 자라고, 가지가 옆으로 많이 퍼져 전체적으로 둥근 형태를 이룬다. 꽃은 5~10월 마디와 마디 사이에서 3~8송이씩 하얗게 핀다. 탱글탱글한 검은 열매는 흑진주처럼 생겨 예쁘다. 7월쯤부터 검고 둥글게 익는데, 단맛이 나지만 약간 독성이 있으니 한꺼번에 너무 많이 먹지 않는 것이 좋다.

윤대녕 〈3월의 전설〉
꽃에 취한 비구니와 유부녀의 일탈, 산수유

> "
> 매화, 산수유가 팔영루 까만 기와지붕 끝을
> 아슬아슬하게 비껴가며
> 희고 노랗게 치솟아 있었다.
> "

윤대녕의 중편 〈3월의 전설〉은 꽃으로 시작해 꽃으로 끝나는 소설이다. 구례 산수유마을 산수유와 화개 벚꽃, 섬진강 매화가 필 때를 배경으로 화려하게 펼쳐지는 봄꽃들을 감상하는 것이 이 소설을 읽는 재미다.

그 참에 눈을 뜨고 한지문을 여니 소리는 감쪽같이 사라지고 개울 건너편에 환하게 피어 있는 매화 한 그루가 확 눈에 튀어

들어왔다. (중략) 몸을 씻고 불일폭포에 다녀올 작정으로 쌍계사로 들어가니 마당 옆에 가득 피어 있는 동백이 먼저 눈에 들어왔다. 또 매화, 산수유가 팔영루 까만 기와지붕 끝을 아슬아슬하게 비껴가며 희고 노랗게 치솟아 있었다.

구례읍에서 다시 털털거리는 완행버스를 타고 온천지대로 들어서자 아득한 산수유의 마을이었다. 온천 입구에서부터 도로 양쪽으로 노란 꽃구름들이 새털처럼 잔잔히 흩어져 있었다. (중략) 거기서부터는 집집마다가 산수유요 골목과 밭들과 산자락 모두가 산수유여서 현기증을 보듯 눈앞이 어지러웠다.

꽃으로 시작해 꽃으로 끝나는 소설

이 소설은 우연한 만남과 헤어짐 등 덧없는 인연을 주제로 하고 있는데, 그 만남과 헤어짐의 대상이 꽃에 취해 일탈하는 비구니와 유부녀다.

소설에는 세 여자가 등장한다. 주인공은 스무 살 때, '무표정하게 앉아 있다가 조용히 사라지곤 하는' 여자 남현주를 사귄다. 그런데 군 전역을 하고 나서, 그 여자가 머리 깎고 남쪽에 있는 어느 절로 출가했다는 말을 듣는다.

그다음 강원도 홍천 콘도에서 우연히 만난 20대 후반 여자는 한 비구니가 화순에 있는 운주사로 출가했다가 환속한 얘기를 전해준다. 비구니는 산수유가 만개한 어느 봄날 산수유마을을 지나다 서울에서 내려온 신사에게 손목이 잡혀 정이 통했고, "내일은 구례장이니 장터 어디에서 만나 서울로 함께 숨어 가자"라는 제안을 받는다. 비구니는 확답하지 않고 "꽃들이 참 부산스럽게도 폈네요"라고만 말한다. 다음 날 비구니는 노란 승복을 입고 장터에서 종일 돌처럼 서 있었지만, 신사는 끝내 모습을 보이지 않았다. 비구니는 환속했지만 해마다 3월이면 직행버스를 타고 내려와 산수유마을과 구례 장터를 서성거리기 때문에 내려가면 만날 수 있을지도 모른다는 내용이었다.

주인공은 이 말을 듣고 환속한 스님이 스무 살 때 만난 남현주가 아닐까 생각하며 산수유마을에 내려가보기로 한다. 내려가기 직전, 그는 우연히 구입한 중고음반을 돌려주려고 '난희'라는 여자를 만나 산수유마을에 내려갈 것이라는 얘기를 해준다.

주인공은 쌍계사 입구에 여장을 풀고 구례 장날에 장터를 서성거려 보지만, 비구니를 만나지 못한다. 주인공은 언뜻 홍천 콘도에서 만난 여자가 바로 운주사로 출가했다가 환속한 비구니가 아닐까 하는 생각을 한다.

'벚꽃이 흐벅지게 핀' 3월의 마지막 날, 음반을 돌려받은 난희가 주

산수유

인공을 찾아온다. 그녀는 화개에서 쌍계사까지 5킬로미터 '벚꽃길'을 걸어서 온다. 난희는 "화개부터 저 괜히 걸어왔나 봐요. 그렇게 꽃들을 함부로 훔쳐보며 오는 게 아닌데요. 서울에서 차를 탈 땐 이런 마음이 아니었거든요"라고 말한다. 그녀는 흥분한 채 덤비지만, 관계가 끝나자마자 돌아가야겠다고 했다.

그녀는 돌아가면서 "올 때는 그저 덤덤하게 얼굴만 살피고 가려 했다"라며 "이 봄에 제가 무슨 사나운 꿈을 꾸고 있는 건가요"라고 말한다. 그녀는 유부녀임을 고백하면서 "짚 썩은 물을 받아 마시고 싶어요"라고 했다. 저자 고향인 충청도에서는 짚 썩은 물이 역병을 치료하는 데 쓰였는데, 이 소설에서는 정화 작용의 의미로 해석할 수 있을 것 같다. 다음 날이 구례장이었으나 주인공은 더 이상 머무를 까닭이 없어서 집으로 돌아오는 것으로 소설은 끝을 맺는다.

1990년대 분위기와 젊은이들을 섬세하게 묘사

'윤대녕(1962년생)' 하면 산수유와 함께 은어가 떠오른다. 그는 1994년에 발표한 첫 소설집 《은어낚시통신》으로 유명한데, 1998년 작 〈3월의 전설〉에도 섬진강 은어 이야기가 얼핏 나온다. 모천(母川)으로 회귀하는 은어처럼 '존재의 시원(始原)'을 찾아가는 인간의 내면을 그리기 위해 은어를 등장시켰다고 하는데, 나는 은어를 시적이고 몽환적인 분위기를 내는 소도구 정도로 읽었다.

그는 1962년 충남 예산 출신으로, 1990년 작품 활동을 시작했다. 소설집《은어낚시통신》,《많은 별들이 한곳으로 흘러갔다》등을 냈으며 소설집《제비를 기르다》,《대설주의보》가 있다. 그의 첫 장편소설《옛날 영화를 보러 갔다》는 2008년 개정판으로 출간되었다.

이상문학상(1996)·현대문학상(1998)·이효석문학상(2003)·김유정문학상(2007) 등을 수상한 윤대녕은 1990년대 분위기와 젊은이들의 심리를 시적 감수성이 묻어나는 섬세한 필치로 묘사했다는 평을 받았다.

여행은 윤대녕을 설명하는 중요한 키워드 중 하나다. 여행 중 겪는 일과 만나는 사람들을 소설 소재로 쓰는 경우가 많기 때문이다. 그는 '10대 때 꿈은 여행자가 되는 것이었다'라고 밝혔다. 그가 2003년 4월부터 2년간 제주도에 내려가 살다 온 얘기는 잘 알려져 있다. 그는《조선일보》와의 인터뷰에서 "30대에 쓴 초기 소설들에서 여행은 명상과 피안의 세계를 찾아가는 것이었고, 자기 동일성과 정체성을 확보하는 방편이기도 했다"라고 말했다.

〈3월의 전설〉에도 3월 내내 구례에서 살지 않았으면 쓰기 어려운 섬세한 묘사들이 적지 않다. 예를 들면 "불과 열흘 만인데 산수유는 이미 데쳐내고 삶아낸 것처럼 색이 빠져 맥없이 지고 있었다. 매화가 질 때면 산수유도 따라 지는 모양이었다"라는 대목이 그렇다. 쌍계사

산수유 열매　ⓒ김태정

같은 절이 많이 나오는 것도 그의 소설의 특징 중 하나다. 그는 20대에 출가를 꿈꾸기도 했다.

〈3월의 전설〉도 그렇지만, 그의 소설에는 여성들이 많이 등장한다. 소설 속 주인공이 여성들에게 '작업'을 거는 방법과 말은 '경험에서 나온 것이 아닐까' 하는 생각이 들 정도로 생생하다. 작가는 한 인터뷰에서 "여성을 많이 다루니까 문단에서조차 내가 연애를 많이 한 남자로 오해해 대단히 불편했던 적도 있다"라며 웃었다.

'붉은 알알이' 녹아 흐르는 산수유 열매

'산수유'하면 김종길의 시 〈성탄제〉도 빼놓을 수 없을 것이다. 윤대녕의 〈3월의 전설〉이 산수유 꽃에 주목했다면 〈성탄제〉는 '붉은 알알이' 산수유 열매에 초점을 맞추고 있다.

> 어두운 방 안에
> 바알간 숯불이 피고,
>
> 외로이 늙으신 할머니가
> 애처로이 잦아드는 어린 목숨을 지키고 계시었다.

이윽고 눈 속을
아버지가 약을 가지고 돌아오시었다.

아, 아버지가 눈을 헤치고 따 오신
그 붉은 산수유 열매 -.

나는 한 마리 어린 짐승,
젊은 아버지의 서느런 옷자락에
열(熱)로 상기한 볼을 말없이 부비는 것이었다.

이따금 뒷문을 눈이 치고 있었다.
그날 밤이 어쩌면 성탄제(聖誕祭)의 밤이었을지도 모른다.

어느 새 나도
그때의 아버지만큼 나이를 먹었다.

옛것이라곤 거의 찾아볼 길 없는
성탄제 가까운 도시에는
이제 반가운 그 옛날의 것이 내리는데,

서러운 서른 살 나의 이마에
불현듯 아버지의 서느런 옷자락을 느끼는 것은,

눈 속에 따 오신 산수유 붉은 알알이
아직도 내 혈액 속에 녹아 흐르는 까닭일까.

_김종길 〈성탄제〉 전문

    산수유꽃이 지고 나면 수없이 많은 열매가 달려서 9월부터 붉게 익어가기 시작해 10월이면 나무 전체가 빨갛게 물든다. 이 열매를 가을에 수확해 씨를 발라내고 햇빛에 잘 말려서 기운을 돋우는 약으로 쓴다. 〈성탄제〉의 아버지도 열이 펄펄 끓는 아들을 위해 눈이 쌓인 숲을 헤치고 산수유 열매를 따 온 것이다.

    산수유와 비슷한 시기에 생강나무도 노란 꽃망울을 터트린다. 산수유꽃은 꽃자루 끝에 피지만, 생강나무꽃은 줄기에 붙어 피기 때문에 꽃이 줄기에 붙어 있는지, 떨어져 있는지 살피는 것이 이 둘을 구분하는 방법이다.

    매화와 벚꽃도 비슷한 시기에 하얀 꽃들이 핀다. 이 소설을 읽으면 매화가 지기 시작하면서 벚꽃이 피기 시작한다는 사실을 알 수 있다. 매화는 아직 춥다 싶은 2~3월에, 벚꽃은 봄기운이 완연한 3~4월에 핀다.

    《궁궐의 우리나무》의 저자 박상진 경북대 명예교수는 책에서 "우리 조상들은 벚꽃 구경을 즐기지 않았다"라며 "일제강점기에 일본 사람들이 우리나라 여기저기에 벚나무를 심고, 군사정권이 들어선 이후 벚나무가 일본 국화라는 인식이 차츰 사라졌다"라고 비판적인 시각을 보였다. 박 교수는 "왕벚나무 원산지가 제주도이긴 하지만, 개살구나무, 돌배나무·야광나무·귀룽나무·때죽나무·노각나무 등 벚꽃에 못지않은 우리의 꽃나무가 얼마든지 있는데 왜 하필 일본 국화인 벚나무만 골라 심어야 하는가"라고 말했다.

2005년 3월 말 예닐곱 살 두 딸을 데리고 구례 산수유마을에 간 적이 있다. 〈3월의 전설〉을 읽고 꼭 한번 그 분위기를 느끼고 싶었다. 서울은 아직 찬바람이 불어 두꺼운 외투를 입고 갔는데, 그곳은 노란 물감을 마구 뿌려놓은 듯 산수유가 꽃망울을 터트리고 있었다. 집집마다 산수유 천지였고, 가로수도 전부 산수유였다. 산수유뿐만 아니라 서울에는 아직 전혀 피지 않은 별꽃·꽃다지·개불알풀꽃·광대나물 등도 지천으로 피어 있어서 제대로 '상춘(賞春)'을 했다. 구례 장날은 3일과 8일에 열린다. 내가 구례에 간 날도 구례 장날이었지만, 노란 승복을 입고 장터를 서성거리는 비구니는 발견하지 못했다.

산수유
매화
벗꽃

산수유

ⓒ김태정   # 매화

벚꽃

매화는 꽃이 가지에, 벚꽃은 꽃자루에

산수유는 마을 근처에 심어 가꾸는데, 수형이 아름다워 조경수로도 많이 심는다. 이른 봄에 잎보다 먼저 꽃이 핀다. 매화를 제외하면 이른 봄에 가장 먼저 피는 꽃이다. 산수유 다음에는 목련과 개나리 등이 핀다. 겨울을 견딘 둥근 총포가 서서히 벌어지면서 길이가 같은 꽃자루 20~30개가 우산살처럼 펼쳐지고, 꽃자루 끝에 노란 꽃이 한 송이씩 피는 모습이 장관이다. 전라남도 구례 산동면 산수유마을 외에도 경기도 이천 백사면과 양평 개군면, 경상북도 의성 사곡면 등도 산수유로 유명하다.

매화와 벚꽃을 구분하는 가장 쉬운 구분 방법은 산수유와 생강나무처럼 꽃이 가지에 달린 모습을 보는 것이다. 매화는 꽃이 가지에 달라붙어 있지만, 벚꽃은 가지에서 꽃자루가 나와 꽃이 핀다. 나중에 열매가 달리는 모습을 상상하면 쉽게 이해할 수 있을 것이다. 매화나무는 줄기에 바로 붙어 매실이 열리고, 벚나무는 긴 꼭지 끝에 버찌가 달리기 때문이다. 꽃잎 모양도 좀 다르다. 매화는 꽃잎이 둥글둥글하지만, 벚꽃은 꽃잎 중간이 살짝 들어가 있다. 또 매화는 옛글에 많이 나오듯 향기가 진한데 벚꽃은 향이 약한 편이다. 매화나무ㆍ매실나무라는 용어를 혼재해 쓰는데, 똑같은 나무지만 꽃에 중점을 두면 매화나무, 열매에 중점을 두면 매실나무라고 부른다.

이미륵 《압록강은 흐른다》
돌아가지 못할 고향을 그리워하는 열매, 꽈리

> "
> 그 집 정원에는 꽈리가 자라고 있었는데,
> 그 빨간 열매가 햇빛에 빛났다.
> 우리 집 뒷마당에서 그렇게도 많이 보았고, 즐겨
> 갖고 놀았던 이 식물을 나는 얼마나 좋아했던가!
> "

고향에 대한 향수를 가장 자극하는 것은 무엇일까. 이미륵(1899~1950)의 자전적 소설 《압록강은 흐른다》에서는 꽈리가 수억만 리 이국땅으로 유학을 간 주인공의 수구초심(首丘初心)을 자극하는 소재로 등장한다.

언젠가 우체국에 갔다가 집으로 돌아오는 길에, 나는 그만 어느 모르는 집 앞에 멈춰 서고 말았다. 그 집 정원에는 꽈리가 자라고 있었는데, 그 빨간 열매가 햇빛에 빛났다.

우리 집 뒷마당에서 그렇게도 많이 보았고, 또 어렸을 때 즐겨 갖고 놀았던 이 식물을 나는 얼마나 좋아했던가! 마치 고향의 일부분이 내 앞에 실제로 와 있는 것 같았다.

내가 오랫동안 생각에 잠겨 있을 때, 그 집에서 한 부인이 나와 왜 그렇게 서 있느냐고 내게 물었다. 나는 그 부인에게 내 어린 시절을 이야기해주었다. 그 부인은 가지를 하나 꺾어서 나에게 주었다. 얼마나 고마웠는지 모른다.

곧 계절이 바뀌고 눈이 내렸다. 어느 날 아침, 자리에서 일어나자 성벽에 흰 눈이 흩날리고 있었다. 나는 하얀 눈을 보며 행복감을 느꼈다. 나의 고향 마을과 송림에 휘날리던 바로 그 눈과 같았다.

소설 마지막 부분에 나오는 이 대목은 주인공이 혹시나 고향에서 편지가 왔는지 확인하러 우체국에 갔다가 빈손으로 돌아오는 길에 꽈리를 발견하는 장면이다. 눈이 온 날 주인공은 지난가을 어머님이 며칠 동안 앓다가 갑자기 별세했다는 맏누이의 편지를, 고향에서의 첫 소식으로 받는다.

이 소설은 나라가 망해가는 20세기 초반을 배경으로 어린 시절과 학창 시절의 추억, 그리고 독일로 유학을 떠나 도착하기까지의 과정을 담고 있다. 간결하고 담담한 문체지만 강한 여운을 남기는 글이다. 특히 어린 시절과 역사적인 사건들이 교차하는 가운데 한 인간이 성숙해가는 과정이 한 폭의 수묵화처럼 그려져 있다.

땅이 많은 시골 양반집 외아들인 주인공은 따스한 어린 시절을 보냈다. 원형으로 지은 넓은 집 담 밑에는 봉선화가 피었고, 붉은 열매가 열리는 큰 석류나무도 있었다. 뒷마당에는 꽈리도 있었을 것이다. 사촌 형 수암과 함께 한문을 공부하고, 몰래 꿀을 훔쳐 먹거나 귀한 한지로 연을 만들다 혼나기도 했다. 서예를 배우며 바지에 온통 먹물을 들이지만 아버지는 오히려 "그건 명필의 자랑거리이니라"하며 웃어넘긴다. 밝은 달밤 살구나무 아래에서 아버지와 이야기를 나누다 술을 얻어먹고 취하기도 했다. 여름에 수많은 노목이 우거진 옥계천에 가서 아버지와 바둑을 두고 목욕하는 장면은 초등학교 교과서에도 나왔다.

주인공은 '유리창이 있는' 신식 학교에 다니면서 신학문을 접하며 유럽에 대한 동경심을 가진다. 그리고 서울의 의학전문학교에 다니다 3학년 때 3·1운동이 일어나자 이에 가담했다. 그는 지하로 잠복한 학생운동에서 전단(삐라) 제작하는 일을 맡았다. 3·1운동의 결과로 일본은 언론의 자유 선포 등의 유화정책을 폈지만 3·1운동 가담자들을 체포해 중형을 가하는 것은 멈추지 않았다. 이 때문에 일본 경찰에 쫓기자 어머니는 독일 유학을 권했다.

"나는 네가 돌아오기를 조용히 기다리겠다. 비록 우리가 다시 못 만나는 한이 있더라도 슬퍼마라. 너는 나의 생활에 많고도 많은 기쁨을 가져다주었다. 자! 내 아들아. 이젠 너 혼자 가거라."

작가는 압록강을 건너 중국의 상하이, 싱가포르, 스리랑카의 콜롬보, 수에즈운하를 거쳐 프랑스 마르세유 항에 도착했다. 이어 다시 기차를 몇 번 갈아탄 끝에 마침내 중부 독일의 작은 도시에 도착하는 내용이다.

이미륵은 필명이자 아명으로 그의 본명은 이의경이다. 1899년 황해도 해주에서 태어나 해주 보통학교를 졸업하고 경성의학전문학교에서 의학을 공부했다. 1919년 3·1운동에 가담했다가 일본 경찰을 피해 1920년 독일로 유학을 갔는데, 소설은 그가 경험한 자전적 이야기다.

이미륵은 독일에서 의학과 철학, 생물학을 전공했고, 뮌헨대학에서 중국학을 강의했다. 그리고 1946년 독일어로 《압록강은 흐른다》를 출간해 독일 문단과 언론의 찬사를 받았다. 그는 끝내 고국 땅을 밟지 못하고 1950년 독일에서 사망했다. 11세 때인 1910년 6세 연상인 최문호와 결혼해 1남1녀를 두었으나 이 내용은 소설에 등장하지 않는다. 2008년 서울방송(SBS)이 창사특집으로 3부작 드라마로 〈압록강은 흐른다〉를 만들어 방영했다.

1959년 이 책을 번역한 전혜린은 서울법대에 다니다 독일 유학 중 이 책을 접했다. 전혜린은 '역자 후기'에서 "유창하고 활달한 문체며 그 아름다운 운율이며 그 깊은 영혼을 재현하기는 무척 어려운 일인 줄 알았으나, 우선 한국 사람들이 이 책을 읽었으면 좋겠다는 욕망으로 시도해본 것"이라고 했다.

전혜린은 '불꽃처럼 살다 간 여인'으로 유명하다. 중학생 때 우연히 전혜린의 수필집 《그리고 아무 말도 하지 않았다》를 읽은 기억이 있다. 혈혈단신으로 독일에 유학 간 여학생이 느끼는 고독, 오렌지색 가스등이 켜진 슈바빙 거리 등에 대한 묘사가 인상적이었다. 전혜린은 귀국해 교수로 재직하다 1965년 31세의 나이에 자살했다.

부푼 오렌지색 껍질이 열매를 감싸는 독특한 구조

꽈리의 꽃은 노란색을 띤 흰색인데, 가을이면 부푼 오렌지색 껍질 속에 열매가 있는 꽈리가 꽃보다 더 예쁘게 달린다. 이 껍질은 꽃받침이 점점 자라는 것인데, 풍선 모양으로 열매를 감싸는 특이한 형태다.

꽈리

어릴 적에 꽈리는 굳이 찾지 않아도 뒤뜰 같은 곳에 흔했다. 그런데 세월이 흘러 막상 꽈리를 찾아보려고 하니 쉽게 눈에 띄지 않았다. 이제 고향 집 주변에서도 찾을 수 없었고 일부러 재배하는 곳도 찾기 힘들었다. 그런데 2012년 10월 취재 차 독일 라이프치히에 갔을 때, 성 토마스 성당 정원에서 오렌지색으로 잘 익은 꽈리 무리를 발견하는 기쁨을 맛보았다. 이 성당은 바흐가 1723년부터 27년 동안 오르가니스트 겸 지휘자로 활동한 곳이다. 더구나 이미륵이 활동한 독일에서 찾은 꽈리라 더욱 의미 있었다.

〈그 여자네 집〉에선 연인 지키는 파수꾼으로……

박완서(1931~2011)의 단편소설 〈그 여자네 집〉에서는 꽈리가 연인을 지키는 '꼬마 파수꾼의 초롱불'로 등장한다. 이 소설은 같은 제목의 김용택 시인의 시를 모티브로, 일제의 징병, 위안부 모집 그리고 남북 분단 때문에 사랑을 이루지 못하는 만득이와 곱단이의 안타까운 이야기를 다룬 소설이다. 소설에서는 두 사람이 예쁜 사랑을 할 무렵, 만득이가 곱단이에게 보내는 편지에 꽈리가 나온다.

> 곱단이는 나에게 가끔 만득이가 보낸 편지를 보여줄 적이 있었다. 그중 아직도 생각나는 것은 곱단이네 울타리 밑의 꽈리

나무를 '꼬마 파수꾼들이 초롱불을 빨갛게 켜들고 서 있는 것 같다'고 표현한 거였다. 당시 우리 동네 집들은 거의 다 개나리로 뒤란 울타리를 치고 살았다. 그리고 뉘 집이나 울타리 밑에서 꽈리가 자생했다. 봄에서 여름에 걸쳐서는 거기에 꽈리나무가 있다는 것도 모를 정도로 전혀 눈에 안 띄는 잡초나 다름없었다. 꽈리가 거기 있다는 걸 알게 되는 건 풀숲이 누렇게 생기를 잃고 난 후였다. 익은 꽈리는 단풍보다 고왔고, 아닌 게 아니라 초롱처럼 앙증맞았다. 그러나 그맘때면 붉게 물든 감잎도 더 고운 감한테 자리를 내주고, 들에서는 고추가 다홍빛으로 물들 때였다. 꽈리란 심심한 계집애들이 더러 입안에서 뽀드득대는 것 외엔 아무짝에도 쓸모없는 하찮은 잡초에 불과했다. 우리집 울타리 밑에도 꽈리가 지천으로 자라고 있었다. 그렇게 흔해빠진 꽈리 중 곱단이네 꽈리만이 초롱에 불켜든 꼬마 파수꾼이 된 것이다.

박완서가 약간의 질투를 섞어 곱단이를 부러워하는 것이 보이는가. 어릴적 시골에 흔했던 꽈리가 누구에게는 고향에 대한 향수를 자극하는 매개로, 누구에게는 연인을 그리는 사랑의 상징으로 등장하고 있는 것이다.

박완서는〈그 여자네 집〉말고도 자신의 연애담을 담은 장편《그 남자네 집〉도 썼다. 박완서의 고향은 개성 옆 개풍군으로, 이미륵의 고향 해주와 멀지 않다. 둘 다 고향에 얽힌 글에 꽈리를 담은 것은 단순한 우연일까.

꽈리

속 빈 열매 가볍게 누르면 '꽈르르 꽈르르'

꽈리

꽈리는 가지과에 속하는 여러해살이풀이다. 마을 부근 길가나 빈터에서 자라며 일부러 심기도 한다. 꽃은 연한 노란색으로 피는데, 가을이면 부푼 오렌지색 껍질 속에 열매가 있는 꽈리가 꽃보다 더 예쁘게 달린다. 이 껍질은 꽃받침이 점점 자라는 것인데, 풍선 모양으로 열매를 감싸는 특이한 형태다.

열매는 둥글고 지름이 1.5센티미터 정도로 빨갛게 익으며 먹을 수 있다. 이 열매는 옛날에 어린이들의 좋은 놀잇감이었다. 잘 익은 꽈리 열매를 손으로 주물러 말랑말랑하게 만든 다음 바늘이나 성냥개비로 꼭지를 찔러서 속에 가득 찬 씨를 뽑아낸다. 속이 빈 꽈리 열매에 바람을 불어넣은 다음 입에 넣고 혀와 이와 잇몸으로 가볍게 누른다. 그러면 '꽈르르 꽈르르' 소리가 난다. 특히 많이 불면 보조개가 생긴다고 해서 극성스럽게 부는 아가씨들도 있었단다. 그러나 이 꽈리 소리는 마치 뱀이 개구리를 잡아먹을 때 나는 소리와 흡사하다 하여, 어른들은 꽈리를 불면 뱀이 나온다고 집에서는 불지 못하게 했다.

이문구 《관촌수필》
안타까운 고향의 기억, 소리쟁이와 왕소나무

> "
> 나리만님 즐겨허시는 나승개(냉이)허구
> 소리쟁이유……
> "

이문구(1941~2003)의 연작소설집 《관촌수필》은 십수 년 만에 찾은 고향에서 떠오른 일들과 사람들을 회상하는 형식의 소설이다. 1972~1977년 발표한 여덟 편의 단편을 모은 것인데, 전체적인 구도 하에 쓴 것은 아니지만 어린 시절 고향에서의 삶을 회상하고 같은 고향 사람들이 등장한다는 면에서 연관성을 갖는 글들이다.

이 소설에서 가장 인상적인 인물은 '옹점이'다. 전편에 걸쳐 옹점이가 등장하고, 3편 〈행운유수(行雲流水)〉에서는 옹점이가 주연이다.

옹점이는 우리 집 부엌일을 도맡아 한 '부엌데기'로, '나'보다 10살 많다. 할아버지는 옹점이가 이름 없이 '먼젓 것'으로 불리자 질그릇 굽는 마을 옹기 틈에서 낳았다고 그러한 이름을 지어주었다. 옹점이는 다음과 같은 아가씨였다.

옹점이는 마음씨가 너그럽고 착한 아이였다. 마음씨갈은 비단결같이 고운 데다 손속이 좋고 눈썰미가 뛰어나며, 인정과 동정심이 많은 점에서 어머니는 노상 쓸 만한 아이라고 추켜주었다. 그릇을 잘 깨는 덜렁쇠였고, 참새 못잖게 수다쟁이이기도 했다.

그녀는 그만큼 입이 걸고 성질도 사나웠지만 늘 시원시원하고 엉뚱한 데가 있었으며 의뭉스럽기도 따를 자가 없었다. 육덕 좋은 허우대나 하고 곱게 쪽 집은 눈썹과 사철 발그레하게 피어 있던 얼굴이며, 그녀는 안팎 모가비 총각들에게 선망의 대상이었다. 남다른 눈썰미로 한번 보면 못 내는 시늉이 없었고, 손 속 또한 유별났으니 애써 가르친 바가 없어도 음식 맛깔과 바느질 솜씨는 어머니도 나무랄 수 없음을 진작에 선언할 정도였다.

옹점이는 유년 시절 주인공의 둘도 없는 친구요, 누이였다. 주인공이 아플 때마다 덩달아 숟가락을 들지 않거나, 약종발을 든 채 함께 눈물 흘리며 아파했다. 한밤중 가택수색 나온 순경에 걸쭉한 입심으로 맞대응하고, 먹던 음식을 던져주는 미군들에게 "대관절 조선 사람이 뭘루 뵜글래 처먹던 것을 던져줬으까나"라고 분개하는 당찬 여성이다. 또 무슨 노래든지 푸짐하게 불러대었고 목청도 다시없이 좋았다.

옹점이는 시집가서 잘살았지만 6·25 때 남편이 입대해 전사하면서 인생이 꼬이기 시작했다. 시댁에서 갖은 구박을 받다가 쫓겨나고 약장수 때거리를 따라다니며 노래 부르는 가수로 전락한다. 〈행운유수〉라는 제목은 기구한 옹점이의 일생을 상징적으로 보여주는 듯하다.

옹점이가 구사하는 충청도 사투리는 이 작품의 하이라이트가 아닌가 싶다.

"예. 위떤 이는 하나 늘어서 일곱 살이라고 허던디 또 누구는 하나 먹었응께 다섯 살이라구 허거던유."
(할아버지가 나이를 묻자 작년에는 여섯 살이었는데 올해는 모르겠다며)

"아씨, 하루라도 좋응께 속것만 입구 자봤으면 원이 읎겠슈."
(경찰이 한밤중 집을 자주 수색해 겉옷을 벗고 잘 수가 없다고 하소연하며)

소리쟁이

"말두 못헐 작것들인개뷰. 여자만 보면 곁에 서방이 있거나 말거나 손구락을 이렇게 까불까불허메 시비시비 오케이 헌다는 규."

(인근에 주둔한 미군들을 욕하며)

이 소설을 읽고 온 가족이 대학로에 연극 〈옹점이〉를 보러 갔는데, 내용은 《관촌수필》 그대로였고, 역시 옹점이의 맛깔나는 충청도 사투리 구사가 가장 볼 만했다.

소리쟁이 같은 옹점이, 왕소나무 같은 할아버지

옹점이를 위한 식물을 고르라면 소리쟁이를 고르겠다. 소설에서 나물을 캐 온 옹점이에게 어머니가 "게 바구리 것은 뭐라는 게냐?"고 묻자 옹점이는 "나리만님 즐겨허시는 나승개(냉이)허구 소리쟁이유"라고 말하는 대목이 있다. 옹점이가 노래(소리)를 잘하는 것도 소리쟁이라는 말을 떠올리게 하고, 소리쟁이 잎사귀가 푸릇푸릇 싱그러운 것도 활달한 옹점이를 닮았다. 소리쟁이는 또 생명력이 강해 어디서나 잘 자란다. 소리쟁이라는 이름 자체가 바람이 불 때 소리가 난다고, 소리를 내는 소리꾼이라는 뜻으로 붙여진 것으로 전해지고 있다. 실제 노래를 직업으로 하는 가수를 소리쟁이 또는 노래쟁이라고 부르기도 했다.

이 작품의 배경인 1970년대는 산업화로 우리 농촌이 급변하는 시기였다. 1편 〈일락서산(日落西山)〉은 주인공이 너무나 변해버린 고향을 둘러보면서 느끼는 안타까움으로 시작하고 있다. 너무도 많이 변했다는 것은 마을을 지켜온 400년 왕소나무가 흔적조차 없이 사라진 부분에 잘 나타나 있다.

> 그중에서도 맨 먼저 가슴을 후려친 것은 왕소나무가 사라져버린 사실이었다. 분명 왕소나무가 서 있던 자리엔 외양간만 한 슬레이트 지붕의 구멍가게 굴뚝만이 꼴불견으로 뻗질러 서 있

던 것이다.

그 왕소나무 잎새에 누렁물이 들고 가지에 삭정이가 끼는 걸 보며 고향을 뜨고 13년 만이니 그럴 만도 하겠다 싶긴 했지만, 언제 베어다 켜 썼는지 흔적조차 남아 있지 않은 현장을 목격하니 오장에서 부레가 끓어오르지 않을 수 없던 것이다. 4백여 년에 걸친 그 허구헌 풍상을 다 부대껴내고도 어느 솔보다 푸르던, 십장생(十長生)의 으뜸다운 풍모로 마을을 지켜온 왕소나무가 아니었던가.

왕소나무가 사라진 데 대한 진한 아쉬움은 할아버지에 대한 그리움으로 이어지고 있다. 할아버지는 살아생전에 왕소나무 밑동을 조심스레 어루만지면서 "이 왕솔은 토정(土亭·이지함) 할아버지께서 짚고 가시던 지팽이를 꽂아놓으셨는디 이냥 자란 게란다"라고 알려주기도 했다.

할아버지는 고색창연한 이조인(李朝人)이었다. 양반·상놈을 엄격히 구분해 손자에게 일가 손윗사람 아니면 모든 동네 사람들을 하대(下待)하도록 했고, 구십 평생 망건이나 탕건은 물론 오뉴월 삼복에도 버선 한번 벗지 않았다. 할아버지의 마지막 유언은 "부디 족보만은 잘 간수해야 허느니라……" 단 한마디뿐이었다.

그런데 이 소설에는 이상하게도 아버지에 대한 언급은 거의 나오지 않는다. 할아버지가 참혹한 꼴만 거듭 당했다는 점, 아버지가 '무산 계급의 옹호' 등 구호를 외친 점, 해방 후 남로당 활동을 했다는 점 등만 스치듯 나와 있다.

그러나 작가가 진짜 쓰고 싶은 것은 아버지 얘기였다. 작가는 생전 한 강연에서 《관촌수필》을 쓴 계기에 대해 "1970년 '오적' 사건으로 김지하를 관제 공산당으로 몰아세우려고 하는데, 하물며 나 같은 사람이야 한 번 밉보였다가 가족사를 들먹여서 뒤집어씌운다면 꼼짝 못 하겠구나 하는 위기의식을 느꼈다. 그래서 차라리 내가 우리 집 얘기를 먼저 써버리자 한 것이었다"라고 말했다.

남로당 보령군 총책을 맡은 작가의 아버지는 소설에서도 비치듯 6·25가 나자 곧바로 예비 검속으로 붙잡혀 죽었다. 작가는 이런 가족사를 스스로 밝히는 소설을 쓴 것이다. 그렇지만 이문구 작가는 《관촌수필》에서도 그랬듯이, 아버지를 부각하는 소설은 쓰지 않았다고 말한다.

검열 피하려고 일부러 어렵게 쓴 《관촌수필》

4편 〈녹수청산(綠水靑山)〉은 주인공의 어린 시절 우상인 '대복이'가 6·25 전후로 좌우 양 진영에 잡혀가는 이야기를, 5편 〈공산토월(空山吐月)〉은 동네의 온갖 궂은일을 다하고, 6·25로 풍비박산 난 주인공

가족을 위해 온갖 고초를 감내하는 석공 신 씨 이야기를 다루고 있다.

옹점이, 대복이, 석공 신 씨 등 이 소설에 나오는 인물들은 하나같이 6·25와 산업화 과정에서 안타까운 삶을 살아간다. 이 소설을 읽으며 받는 진한 감동은 각각의 인물들이 전쟁 또는 척박한 삶의 조건으로 그렇게 살 수밖에 없다는 데 대한 안타까움이 아닐까 싶다.

이 소설은 절대 읽기 쉬운 글이 아니다. 무엇보다 의고체(고풍스러운 문체) 문장이고, 충청도 사투리가 심하게 섞여 있어서 몇 번을 읽어야 무슨 말인지 알 수 있는 대목이 많고, 한문 투 어휘도 많이 사용했기 때문이다. 사철나무라고 하면 알기 쉬울 텐데 굳이 충청도 사투리로 '들충나무'라고 썼다. 게다가 법조문처럼 긴 문장도 많다. 〈일락서산〉에서 글자 수가 총 167자인 문장도 찾았다. 누군가가 자조적으로 "(대입) 시험 내기 딱 좋은 소설"이라고 했다. 그렇지만 어렵게 읽다 보면 등장인물의 다음 행로가 궁금해지고, 다 읽고 나면 뭉클한 감동이 남는 것이 이문구 소설의 힘인 것 같다.

작가는 당국의 검열을 피하고자 일부러 어렵게 쓴 것이라고 했다. 그는 "너무 쉽게 쓰면 누가 읽어도 무슨 소리를 하는지 알 것 같아서, 골머리 아픈 소리로 덮어야만 하지 않느냐 생각했다"라며 "세계명작을 읽어보면 쉬운 소설이 어디 있느냐"라고 반문했다.

이제 검열을 의식할 필요가 없는 시대가 왔으니 좀 쉽게 개작해달라고 부탁하고 싶을 정도지만, 작가는 안타깝게도 2003년 작고했다.

잣 소 소
나 나 리
무 무 쟁
       이

바람 불면 요란한 소리를 내는 소리쟁이

소리쟁이

소리쟁이는 마디풀과의 여러해살이풀로, 귀화식물이다. 길가 둑이나 도랑가 등 습기 있는 양지에서 자란다. 뿌리가 깊고 씨가 장기간 생존해 끈질긴 생명력을 가지고 있고, 전국 어디에서나 흔히 볼 수 있어 잡초의 대명사 격이다. 연한 녹색의 꽃이 피지만, 열매가 익으면 농약 맞은 것처럼 좀 흉한 갈색으로 변한다. 열매가 익으면 바람이 불 때 요란한 소리를 낸다고 해서 소리쟁이라는 이름이 붙었다. 깨끗한 곳에서 자라는 풀이 아니라 어려서도 먹은 기억이 없는데, 어린잎과 줄기를 먹는 모양이다.

소나무

소나무는 흔히 보는 소나무(육송)와 바닷가에 많이 자라는 곰솔(해송), 그리고 나무줄기가 여러 개로 갈라져 동그랗게 자라는 반송 등이 있다. 소나무와 다른 나무를 쉽게 구분하는 방법은 바늘잎의 개수를 세는 것이다. 소나무, 곰솔, 반송은 바늘잎이 두 개이고, 리기다소나무, 백송은 세 개, 잣나무는 다섯 개다. 딸들에게 '소'자 'ㅅ'에 삐침이 둘 있으니 두 개, '잣'자는 'ㅈ'과 'ㅅ'에 삐침이 다섯 개 있으니 다섯 개로 외우라고 했다. 리기다소나무는 줄기에도 잎이 달려 있어서 다른 것들과 쉽게 구분할 수 있다.

ⓒ김태정   # 잣나무

133

공지영 《봉순이 언니》
내년 봄에 다시 피어날, 나팔꽃

> "
> 아침마다 이슬을 머금은 그 황홀한 보라빛.
> 열세 개, 열네 개, 열다섯 개……. 봉순이 언니의
> 울부짖는 소리, 나팔꽃 씨를 세는 내 눈에서
> 하지만 자꾸 눈물이 솟고 있었다.
> "

 공지영의 장편소설 《봉순이 언니》에는 여러 꽃들이 나와 무엇을 주요 소재로 선택해야 할지 망설이게 했다. 채송화는 책 표지에 '채송화 꽃 핀 서울의 한 귀퉁이 풍경을 세밀화처럼 그려내는 놀라운 기억력!'이라는 광고 카피로 등장해 나를 유혹했다.

 봉숭아꽃도 만만치 않았다. 우선 봉순이 언니와 이름이 비슷한데다, 봉순이 언니가 30대 홀아비와 결혼을 앞두고 얼굴이 피어날 때 봉숭아 꽃 같다는 비유가 나온다. 여기에다 봉순이 언니가 주인공인 '짱

아'를 무릎에 앉히고 손톱이랑 발톱에 봉숭아 물을 들여주는 장면도 있다.

그러나 이 소설의 주요 소재로 '나팔꽃'을 선택하기로 했다. 봉순이 언니가 다이아몬드 반지를 훔쳤다는 누명을 쓰고 우는 날, '아침에 피었다 시든 나팔꽃의 진자줏빛 꽃 이파리'가 안개에 휩싸인 듯 뿌예졌다는 대목이 있기도 하지만, 무엇보다 그다음 장면이 강렬했기 때문이다.

> "싫어요! 싫어요! 놔! 놓으란 말이야."
> 꽃밭에서 아무것도 모르는 척 담을 따라 시든 나팔꽃의 꽃씨를 받던 나는 그만 더 참을 수가 없어졌다. 하지만 이 상황에서, 사실은 내가 운다 해도 아무도 나를 눈여겨보지 않겠지만, 나는 큰 소리로 울어서는 안 된다고 느끼고 있었다. 나는 봉순이 언니가 어머니에게 행하는 집요한 저항의 몸짓을 뒤통수로 느끼면서 까만 씨를 받아내 원피스의 앞주머니에 넣었다. 통통하던 나팔꽃 이파리와 꽃잎들은 이제 말라버렸다.
> 하지만 이 눈동자처럼 검은 씨앗이 내년 봄에는 다시 담장 따라 피어나리라. 아침마다 이슬을 머금은 그 황홀한 보라빛. 열세 개, 열네 개, 열다섯 개…… 봉순이 언니의 울부짖는 소리, 나팔꽃 씨를 세는 내 눈에서 하지만 자꾸 눈물이 솟고 있었다.

나팔꽃

주인공 어머니가 아이를 지우러 가자고 팔을 잡아끌자 봉순이 언니가 저항하는 장면으로, 이 소설에서 가장 긴장감이 팽팽하고 안타까움을 느끼게 하는 대목이다. 또 봉순이 언니의 성격과 처한 상황 등이 가장 집약적으로 드러나는 장면이기도 하다. 이 대목에서 '시든 나팔꽃', 그러나 내년 봄에는 다시 담장 따라 '피어날 나팔꽃'은 자주 시들지만, 다시 피어나고야 마는 봉순이 언니를 상징하고 있는 것이다.

불행을 반복하지만 희망을 잃지 않는 봉순이 언니의 자화상

《봉순이 언니》는 1960년대 서울 아현동을 배경으로 대여섯 살 먹은 주인공 짱아가 식모인 봉순이 언니를 보면서 성장해가는 과정을 그린 자전적 소설이다.

봉순이 언니의 삶은 기구하다. 예닐곱 살 무렵에 의붓아버지의 폭력을 견디다 못해 도망쳐 외가집에 갔지만, 숙모에 의해 창경원에 버려졌다. 이후 고아원에 잠시 지냈고 교회 집사네 집에 맡겨져 학대당하다가 열한두 살부터 짱아네 집 식모로 살고 있다.

봉순이 언니는 '살짝 얽힌 얼굴, 쌍꺼풀 없이 두터운 눈꺼풀, 뭉툭한 코, 아랫입술이 윗입술보다 더 삐져나온 입 매무새'를 가졌다. '느려터지고 손재주도 없지만, 억척스레 일도 잘하고 순한' 봉순이 언니였다. 더구나 짱아에게는 자주 귀신 이야기를 해주고, 울면 달래주고, 같은 방을 쓰면서 잠자리 베개를 고쳐 놓아주는 착한 언니였다.

그러던 어느 날, 짱아 어머니의 다이아몬드 반지가 사라지자 봉순이 언니는 누명을 쓴다. 견디다 못한 봉순이 언니는 동네 세탁소 청년 병식이와 도망을 쳤다. 오해가 풀리고 돌아왔을 때는 이미 병식에게 버림받고 아이까지 가진 상태였다. 그리고 짱아 어머니의 강요로 아이를 지우고, 낯빛이 푸른 30대 홀아비와 떠밀리다시피 결혼해 아이를 낳지만, 곧 남편과 사별한다. 봉순이 언니의 인생은 이처럼 한 번도 제대로 풀리지 않고 끊임없이 불행을 반복한다. 결국, 그녀는 쉰이 다 된 나이에 아비 다른 네 자식을 남겨두고 개장수와 눈이 맞아 다시 도

망치는 것으로 묘사된다.

그러나 그녀의 삶이 그냥 불행한 것만은 아니었다. 어떠한 불행에도 희망을 버리지 않고 다시 일어서는 낙관적인 성격을 가졌기 때문이다. 소설의 마지막 장면도 주인공이 전철에서 '아직도 버리지 않은 희망'을 담은 눈빛을 가진 여자(봉순이 언니인 듯)와 눈이 마주치는 것이다.

소설은 쉽고 빠르게 읽힌다. 다음 이야기를 궁금하게 만들어 한번 잡으면 단숨에 끝까지 읽게 하는 힘이 좋았다. 소설은 이런 맛에 읽는 것이다. 작가는 '작가의 말'에서 "나는 《봉순이 언니》가 신기하고 자랑스럽다"라며 "이 책을 내고 나서 수소문으로 봉순이 언니를 만났다. 언니는 잘살고 있었다"라고 소개했다.

《봉순이 언니》를 읽을 때 이문구의 《관촌수필》에 나오는 옹점이가 떠올랐다. 어려서 작가를 키워주었다는 점, '부엌데기'라는 점, 시대에 휩쓸려 불행한 삶을 산다는 점에서 둘은 닮았다. 그러나 불행의 정도를 비교했을 때, 봉순이 언니가 옹점이보다 훨씬 심하다. 둘 다 결혼하자마자 남편과 사별하는 점은 같지만 옹점이는 축복을 받으며 결혼했고, 봉순이 언니는 떠밀리다시피 했다. 또 남편과 사별 후 옹점이는 약장수 패거리를 따라다니며 노래를 부르지만 그래도 자기가 하고 싶었던 일을 했다. 그러나 봉순이 언니는 계속해서 다른 남자와의 만남과 이별을 반복하는 기구한 삶을 살아간다.

공지영은 굳이 소개가 필요없는 베스트셀러 작가다. 유명한 소설만 골라도 《더 이상 아름다운 방황은 없다》,《무소의 뿔처럼 혼자서 가라》,《인간에 대한 예의》,《우리들의 행복한 시간》,《도가니》 등 헤아리기 벅찰 정도다. 그는 각각 성(姓)이 다른 3남매를 키우는 것으로도 유명한데, 이 이야기를 《즐거운 나의 집》이라는 소설로 담았다.

나팔꽃과 비슷한 원조 우리 꽃, 메꽃

'메꽃'은 나팔꽃과 비슷하게 생겨 많은 사람들이 나팔꽃으로 착각하는 꽃이다. 사람들이 메꽃보다 나팔꽃을 더 잘 알지만, 메꽃이 더 오래전부터 이 땅에서 살아온 원조 우리 꽃이다. 나팔꽃은 인도가 원산지인 귀화식물이다. 메꽃은 심지 않아도, 가꾸지 않아도, 보아주지 않아도 길가나 들판에서 저절로 자라서 꽃을 피운다. 꽃 색깔도 연한 분홍색이라 은근해서 좋다. 그래서 나는 오히려 나팔꽃보다 메꽃이 더 봉순이 언니를 닮았다는 생각이 든다.

2003년 고려 시대를 배경으로 한 〈무인시대〉라는 텔레비전 사극이 있었다. 극 중에서 이의방의 처가 옆집으로 쌀을 얻으러 가는 장면이 있었는데, 담장에는 나팔꽃이 피어 있었다. 나팔꽃은 수백 년 전 우리나라에 귀화한 식물이기 때문에 고려 중기에는 이 땅에 없었을 가능성이 높다.

이산가족 상봉 행사를 취재하러 금강산에 갔을 때 해금강호텔 옆 허름한 해안에서 막 올라오기 시작한 '갯메꽃' 무리를 보았다. 아직 작은 개체였지만 잎이 둥근 하트 모양인 것이 영락없는 갯메꽃이었다. 마침 집에서 메꽃을 키우고 있어서 옆에 심으면 좋겠다는 욕심이 생겼다. 무리 지어 자라서 한 뿌리 캐 와도 아무 지장이 없을 것 같기도 했다. 그러나 모두 나같이 생각하면 저 꽃이 금방 사라질 것이라는 생각에 꾹 참았다. 야생화를 좋아하는 사람들의 제1철칙은 바로 '야생화를 있는 그대로 두고 보는 것'이다.

나팔꽃 메꽃 갯메꽃

나팔꽃잎은 심장, 메꽃은 창 모양

나팔꽃

나팔꽃은 메꽃과의 덩굴성 식물로, 화단이나 담장 근처 등에 심어 가꾸는 꽃이다. 아침에 피었다가 저녁이면 꽃잎을 오므린다. 햇빛을 좋아하므로 양지바른 곳에 막대 등을 설치하면 잘 감고 올라간다. 꽃 색깔은 주로 빨간색 또는 짙은 보라색이다. 생명력과 씨앗의 발아력이 아주 강한 식물이라 꽃씨를 받아 뿌리면 다음 해 봄 거의 어김없이 나팔꽃이 올라오는 것을 관찰할 수 있을 것이다.

메꽃

나팔꽃과 비슷한 우리 고유종인 메꽃은 연한 분홍색이다. 나팔꽃과 메꽃은 꽃 색깔만 아니라 잎으로도 구분할 수 있다. 나팔꽃 잎은 심장 모양이 세 개로 갈라지는 형태이고, 메꽃 잎은 창처럼 생긴 긴 타원형이고 끝이 뾰족하다. 또 나팔꽃은 한해살이풀이지만 메꽃은 여러해살이풀이다. 즉, 나팔꽃은 씨를 뿌려야 나지만, 메꽃은 씨를 뿌리지 않아도 봄이면 뿌리줄기에서 새싹이 올라오는 것이다. 메꽃의 뿌리를 '메'라고 하는데, 전분이 풍부해 기근이 들때 구황식품으로 이용했다.

ⓒ김태정   # 갯메꽃

나팔꽃과 비슷하지만, 세 개로 길라진 잎이 아주 깊게 파인 미국나팔꽃, 잎이 파이지 않고 그냥 심장 모양인 둥근잎나팔꽃도 있다. 또 메꽃과 비슷한 꽃으로, 바닷가에 피는 갯메꽃이 있다. 메꽃과 같은 연분홍 꽃을 피우는데 잎은 둥근 하트 모양이다.

신경숙 《엄마를 부탁해》
엄마에게 보내는 최고의 찬사, 장미

> "
> **꽃 중에서는 장미꽃이 제일 이쁘지야.**
> "

    신경숙의 베스트셀러 《엄마를 부탁해》 표지는 강렬한 빨간색에 밀레의 〈만종〉에 나오는 듯한 여자가 기도하는 그림이다. 실제로는 〈만종〉에서 모티브를 얻어 살바도르 달리가 그린 그림을 쓴 것이라고 한다. 그런데 《엄마를 부탁해》 일본어판 표지는 장미 사진으로 뒤덮여 있다. 《엄마를 부탁해》가 장미와 무슨 연관이 있어서 이런 표지를 쓴 것일까. 일본 출판사에 문의해본 것은 아니지만, 소설에서 장남이 서울에 처음 집을 장만했을 때 엄마가 담장 옆에 장미를 심어주는 내용에서 착안한 것이 확실하다.

그가 집을 갖게 되고 처음 맞이한 봄에 서울에 온 엄마는 장미를 사러 가자고 했다. 장미요? 엄마의 입에서 장미라는 말이 나오자 그는 잘못 듣기라도 한 듯 장미 말인가요? 다시 물었다. 붉은 장미 말이다, 왜 파는 데가 없냐? 아뇨, 있어요. 그가 엄마를 구파발에 쭉 늘어서 있는 묘목을 파는 화원으로 데리고 갔을때 엄마는 나는 이 꽃이 젤 이뻐야, 했다. 엄마는 생각보다 훨씬 많은 장미 묘목을 사 와서 담장 가까이에 구덩이를 파고 허리를 굽혀가며 심었다. 그는 엄마가 콩이라든지 감자라든지 들깨가 아닌, 배추나 무나 고추같이 씨앗을 뿌리든 모종을 하든 수확해서 먹을 것이 아닌, 보기 위해서 꽃을 심는 모습을 처음 보았다. 엄마의 그 모습이 낯설어 그가 담과 너무 가까이에 심는 거 아니냐고 하자 엄마는 담 바깥에 사람들도 지나다님서 봐야니께, 했다. 그 집을 떠나올 때까지 봄마다 장미는 만발했다. 장미를 심을 때의 엄마의 소망대로 그 집 앞을 지나가던 사람들은 장미가 필 적이면 담장 아래서 잠시 발걸음을 멈추고 큼큼 장미 향기를 맡았다. 비가 온 뒤면 담장 아래 떨어진 붉은 장미꽃잎이 수두룩했다.

《엄마를 부탁해》 일본어판 표지

어렵게 집을 장만한 자식의 행복이 장미 향기처럼 세상에 퍼지기를 바라는 엄마의 심정을 이렇게 표현한 것이다. 자신은 그렇지 못했지만, 자식들은 화려하게 살기를 바라는 엄마의 마음도 담겨 있을지 모른다. 화려한 장미와 시골에서 올라온 엄마는 잘 어울리지 않을 것 같지만, 이처럼 장미에 모성애를 담아내면서 절묘한 조화를 이루고 있다.

실제로 작가의 어머니는 장미를 좋아했던 것 같다. 작가의 자전적 소설인 《외딴방》에도 '샘가의 장미꽃들이 풍기던 냄새'가 나온다. 작가는 고향에서 학교 다닐 때 어머니가 가꾼 장미꽃을 꺾어 선생님의 교탁 위에 꽂아놓길 좋아했다고 했다.

소설에서 엄마는 미국에서 돌아온 작은딸에게 어린 감나무 한 그루를 주면서 갖다 심으라고 한다. 작은딸이 가져가기 싫어하는 기색을 보이자, 엄마는 '나 죽고 없으면 감 따 먹으며 내 생각하라는 뜻이여'라고 말한다. 나중에 장미도 꽃이 피고 향기가 퍼지면 자신을 생각해 달라는 뜻도 담고 있을 것이다.

엄마의 관점에서 서술한 이 책 4장에서도 엄마가 시골집에서 옛일을 회상하는 대목에서 장미가 나온다.

지금은 이리 얼어 있어도 봄이 되면 담장 쪽으로 밀어붙여진 꽃밭 근처가 다시 소란스러워지겄재. 옆집 배나무에서 배꽃들이 피었다가 또 분분히 날리겄재. 살색 꽃이 피는 장미넝쿨들은 환호를 내지르며 가시를 돋우겄재. …… 꽃나무 밑에 거름을 주면 꽃이 많이 핀다며 장미나무 밑을 파헤치던 딸애가 흙 속에서 꿈틀대는 지렁이를 보고는 호미를 내던지고 방으로 뛰어가던 통에 그 호미에 병아리가 맞아 죽은 일도 이 마당에서 있었네.

잃어버린 후에야 깨닫는 엄마의 사랑

《엄마를 부탁해》는 잃어버린 후에야 깨닫는 엄마의 사랑, 그리고 자식들과 남편의 때늦은 후회를 담고 있다. 엄마를 잃어버린 후에야 자신들이 얼마나 무심했는지, 어머니의 사랑은 얼마나 컸는지 깨닫는 것이다.

소설은 시골에서 서울에 올라왔다가 지하철역에서 실종된 엄마를 찾아 나선 딸과 아들, 남편이 각자 회상해 엄마의 삶을 재구성하는 형식이다. 관점이 바뀌면서 평생을 자식들을 위해 헌신해온 어머니의 모습이 입체적으로 되살아난다. 그러면서 엄마를 찾아 헤매는 과정이 추리소설 같은 긴장감도 주고 있다.

어머니라는 소재는 해묵은 소재일 수 있지만, 작가는 누구나 한 번쯤 어머니에 대해 느꼈을 감정, 보았을 장면들을 카메라 들이대듯 포착해 특유의 세밀한 문체로 그려냈다. 이 소설은 신경숙이 왜 신경숙인지를 보여준다.

솔직히 평소 신경숙 소설을 좋아하는 편이 아니었다. 그의 소설을 읽으면 우울한 대목이 많아 착 가라앉는 기분이 드는데다, 자신의 성장 체험과 감정을 너무 반복적으로 소설에 사용하는 것 같았기 때문이다. 그런데 나는 이 소설을 읽고 작가의 역량에 감탄하면서, 기존의 내 생각이 단견이었음을 인정하지 않을 수 없었다.

나로서는 소설에 나오는 엄마와 연배도 비슷하고, 큰솥 가득 밥 지으며 '이게 내 새끼들 입속으로 들어가는구나'라며 든든하게 생각하고, 고향(전북 정읍)이 같아 사투리까지 같고, 생일상 받기 위해 올라오시는 것까지 비슷한 어머니가 계셔서 더욱 가슴 아리게 이 책을 읽은 것 같다.

밤이면 마늘을 까고 그 마늘로 김치를 담아 자식들에게 부치는 것도, 친척 결혼식에 참석하러 전세버스를 타고 서울에 올 때도 자식들 주려는 짐이 한 보따리인 것도, 어머니 손에 닿으면 무엇이든, 강아지든 병아리든 고구마든 상추든 풍성하게 자라나는 것까지 똑같았다.

이 글을 쓰면서 시골에 계신 어머께 전화를 드려 무슨 꽃을 제일

장미

좋아하시느냐고 여쭈어보았다. 어머니는 왜 갑자기 그런 것을 묻느냐는 듯 "꽃~?"이라고 반문하시더니, "꽃 중에서는 장미꽃이 제일 이쁘지야"라고 하셨다. 어머니는 시골집 화단에 붉은색 장미 한그루를 정성스럽게 돌보시고, 동백나무·접시꽃·군자란·수선화·제라늄·산국 등도 가꾸신다. 어머니는 젊은 시절에도 꽃을 좋아하셨지만 아버지는 번번이 마당에 꽃을 심으면 농사일에 방해된다고 반대하셨다. 아버지도 이제는 나이가 드셔서 모른 체하시는 모양이다. 최근에는 내가 아파트 베란다에서 키우다 가져간 진달래, 돌단풍, 노루오줌, 구절초 등이 고향 집 화단에 합류했다.

최고의 꽃 장미에 비유해 최고의 찬사 보내

에필로그에서 큰딸은 바티칸시티에 갔다가 엄마가 세상에서 가장 작은 나라에 가거든 장미나무로 만든 묵주를 구해다 달라고 한 말을 기억해낸다. 그리고 장미묵주를 사서 피에타상 앞에 내려놓고 '엄마를, 엄마를 부탁해'라고 말하는 것으로 끝난다. 소설 앞부분에 엄마가 장미나무 묵주를 하나 갖고 싶다고 말하는 대목은, 소설 연재를 마치고 에필로그를 쓰면서 복선을 깔기 위해 추가한 내용이다.

한 가지 특이한 점은 엄마는 증상으로 보아 치매에 걸린 것 같은데 '치매'라는 단어가 한 번도 등장하지 않는 것이다. 작가는 한 인터뷰에서 "치매라는 말을 쓰지 않고 엄마가 두통을 앓거나 가끔 혼절한다고 표현했다"라며 "치매라는 말에 의존할까 봐 그랬다. 엄마의 정신적인 고독이나 엄마에 대한 가족들의 무심함이 가져다주는 충격을 전달하는 데 굉장히 노력했다"라고 말했다.

《엄마를 부탁해》는 2012년 4월 국내 판매 200만 부를 돌파했고, 33개국에 저작권을 수출했다. 이 책을 출판한 창비는 "1990년 이후 한국 소설 가운데 단권으로 판매 부수가 200만 부를 넘은 경우는 김정현의 《아버지》(1996), 조창인의 《가시고기》(2000) 정도인 것을 보면 순수문학으로 200만 부 돌파는 유례를 찾기 어려운 기록"이라고 했다.

작가는 《엄마를 부탁해》를 구상해서 탈고하기까지 20여 년의 세월이 걸렸다고 했다. 그는 여러 인터뷰에서 "오랫동안 어머니에 대한 글을 쓰기 위해 자료를 모으며 고민했는데 정작 제대로 글을 쓰지는 못했다. 그러다가 어느 날 문득 '어머니'라 쓴 단어를 '엄마'로 고쳐 쓰고 나자 글이 술술 풀리기 시작했다"라고 말했다.

이제 세계적인 작가 반열에 오른 신경숙(1963년생)은 전북 정읍에서 출생했다. 서울예대 문예창작과를 졸업했고 1985년 등단했다. 《풍금이 있던 자리》, 《외딴방》, 《기차는 7시에 떠나네》, 《리진》, 《어디선가 나를 찾는 전화벨이 울리고》 등도 널리 알려진 책이다.

장미는 꽃 중의 꽃이다. 신경숙이 《엄마를 부탁해》에서 엄마의 이미지로 장미를 택한 것은 장미가 흔한 꽃이어서가 아닐 것이다. 최고의 꽃인 장미에 비유해 엄마에게 최고의 찬사를 보낸 것이다. 이처럼 《엄마를 부탁해》는 어머니와 장미 같은 평범한 소재로 많은 사람의 감성을 건드렸다는 점에서 더욱 빛나는 소설이다.

장미

전 세계적으로 1만 종 이상 품종 개발

장미

장미는 전 세계인이 좋아하고 가꾸는 꽃이다. 그래서 아주 오랜 세월에 걸쳐 수많은 사람들이 온갖 품종을 만들었다. 전 세계적으로 1만 종 이상의 품종이 있고, 해마다 200종 이상의 새 품종이 나오고 있다고 한다. 우리나라에서 저절로 자라는 식물 중에서 해당화, 찔레 등이 장미의 할아버지뻘이다. 하나같이 꽃이 아름답고 향기가 진하다. 장미는 우리나라 국민들이 가장 좋아하는 꽃으로 21년째 1위(2011년 갤럽조사 결과 41.4퍼센트가 장미를 가장 좋아한다고 응답)를 차지했고, 잉글랜드 · 룩셈부르크 · 루마니아 · 불가리아의 국화(國花)이기도 하다.

꽃 피는 시기와 기간이 품종에 따라 차이가 크지만, 우리나라에서는 5월 중순쯤부터 9월쯤까지 장미꽃을 볼 수 있다. 《삼국사기》에 장미에 관한 기록이 있기 때문에, 우리나라에는 적어도 삼국시대에 들어온 것으로 추정하고 있다. 조선 초기 강희안이 쓴 원예서 《양화소록》에서는 장미를 화목(花木) 9품계 중에서 5등에 넣고 있다.

이승우 《식물들의 사생활》
소나무를 껴안은 관능적인 때죽나무

> "
> 정말로 옷을 벗은 여자의 매끈하고 날씬한 팔이
> 남자의 몸을 끌어안듯 그렇게 소나무를
> 휘감고 있는 관능적으로 생긴 나무가 있었다.
> "

    이승우의 장편소설《식물들의 사생활》에는 야자나무, 때죽나무와 소나무 등 세 가지 나무가 상징목으로 나온다. 이 나무들이 무엇을 상징하는지 이해하면 이 소설을 거의 다 읽은 것이나 다름없다.
    이 소설의 큰 축은 어머니와 아들 세대의 삼각구도 사랑이다.
    야자나무는 주인공의 어머니와 어머니의 첫사랑인 비서관과의 사랑을 상징하는 나무다. 어머니는 젊은 시절에 유부남인 비서관과 사랑에 빠졌다. 두 사람은 둘만의 공간인 '남천'에서 사랑을 나눈다. 이 때 비서관은 바닷가로 떠밀려 온 야자 열매를 심는데, 이 열매가 자란 것이 야자나무다. 그 남자는 이 사랑 때문에 권력자의 눈 밖에 나 가정을 잃고, 국외로 추방까지 당했다. 어머니는 그 남자가 죽기 직전에야 다시 만나 야자나무 아래에서 사랑을 확인할 수 있었다. 주인공의 아버지는 이 같은 어머니의 상황을 잘 알면서도 결혼해 평생을 사랑한 사람이다. 이 야자나무에 대한 묘사는 다음과 같다.

> 길은 해안선에서 치솟아 오른 깎아지른 듯한 절벽으로 이어지고 있었는데, 그 절벽 위에는 거짓말같이 집이 한 채 지어져 있었다. 집 앞에는 키가 거의 이백 미터쯤 되어 보이는 날씬한 야자과의 나무 한 그루가 하늘을 향해 꼿꼿이 서 있었다. 야자나무는 줄기가 하나였다. 옆으로 뻗어나간 가지가 하나도 없었다. 직선으로 곧게 뻗은 한 줄의 줄기 꼭대기에 바람개비 모양의 잎자루가 각 방향으로 날개를 펴고 매달려 있었다.

주인공 형제는 이 삼각관계의 사랑을 대를 이어 반복한다. 주인공은 형이 사랑하는 여자 순미를 사랑한다. 순미는 형만을 사랑했다. 주인공은 그것에 절망해 가출하고, 형은 군대에 가서 하반신을 잃고 순미와 헤어졌다. 뒤늦게 주인공은 형과 순미가 여전히 사랑하고 있음을 확인하고, 형과 순미를 결합시키는 것으로 순미에 대한 사랑을 표현한다. 그 과정에서 주인공은 어머니와 비서관의 절대적인 사랑, 아버지의 어머니에 대한 헌신적인 사랑을 확인하는 것이 이 소설의 주요 내용이다.

어머니의 첫사랑, 야자나무

형은 하반신을 잃고 짐승 같은 세월을 보내면서 나무가 되기를 바란다. 형은 집 근처 왕릉 산책길에 있는, 소나무를 감싸고 있는 때죽나무를 보면서 이를 자신과 순미의 사랑을 상징하는 것으로 여긴다. 형의 생각은 그가 정리한 나무 이야기 중 '때죽나무와 소나무' 파일에서 명확하게 드러난다. 소나무는 사랑과 생에 대한 의욕을 잃은 형이 변한 것이고, 때죽나무는 이를 뒤늦게 안 순미가 변한 나무인 것이다. 주인공이 이 두 나무를 처음 목격하는 장면은 다음과 같다.

> 그리고, 그 나무, 때죽나무가 있었다. 보는 순간, 그때까지 전혀 본 적이 없음에도 불구하고, 아, 때죽나무구나, 하고 곧바로 알아볼 수 있을 정도로 금방 눈에 들어왔다. 그만큼 인상적이었다고 해야 하나. 정말로 옷을 벗은 여자의 몸처럼 매끈하고 날씬한 나무가 있었다. 정말로 옷을 벗은 여자의 매끈하고 날

센한 팔이 남자의 몸을 끌어안듯 그렇게 소나무를 휘감고 있는 관능적으로 생긴 나무가 있었다. 흙을 파보면 모르긴 해도 뿌리들이 지상의 줄기들보다 훨씬 더 적극적이고 노골적인 모습으로 소나무를 휘감고 있을 것 같은, 그곳에 그런 나무가 서 있다는 사실이 믿어지지 않았다.

이 소설에서 '남천'은 어머니와 비서관 둘만의 공간으로 나온다. 그곳은 실재하지 않는 꿈의 장소다. 어머니가 권력과 명예를 벗어던진 한 남자와 사랑을 확인하는 장소이며 야자나무가 있는 곳이다. 두 아들은 이곳에서 어머니의 사랑에 관한 비밀을 듣는다. 남천은 병들어 돌아온 첫사랑을 어머니가 알몸으로 감싸는 곳이고, 형과 순미가 마침내 재회할 장소이기도 하다.

소설을 읽으며 '남천'은 작가의 고향인 정남진(正南津)이 아닐까 생각했다. 정남진은 정동진과 비슷한 개념으로, 서울 광화문에서 똑바로 남쪽으로 내려오면 만나는 곳이다. 이승우의 고향인 전라남도 장흥군 관산읍 신동마을은 바로 정남진 옆이다. 작가는 필자와 통화에서 "남천은 실제 지명은 아니지만 내 고향을 떠올리며 썼다"라며 "실제 내 고향에도 거대한 야자나무는 아니지만, 야자나무가 자란다"라고 말했다.

왕릉을 밝히기 위해 심은 때죽나무

이승우는 작가 후기에서 "(집 앞의 왕릉에서) 굵은 소나무의 줄기를 끌어안고 있는, 매끄럽고 가무잡잡한 피부의 여체를 연상시키는 때죽나무를 보았다"라고 썼다. 다른 글에서는 이 나무들을 본 것이 《식물들의 사생활》을 착상한 계기였다고 밝혔다. 나는 이 때죽나무와 소나무를 보고 싶었다. 취재해보니 이 왕릉은 고종과 순종이 잠든, 남양주의 '홍유릉'이었다.

처음 홍유릉에 가서 이 나무들을 찾는 데 실패했다. '능을 둘러싼 울타리를 타고 좁은 길을 따라갔다'라는 소설 내용에 집착했기 때문이다. 능역을 둘러싼 오솔길을 따라가며 살펴보았지만 해가 질 때까지 소나무를 감싸 안은 때죽나무를 찾지 못했다.

소설 내용을 다시 한 번 확인하고 2주 후에 다시 갔다. 전보다 천천히 걸으며 꼼꼼히 살폈지만 찾지 못했다. 어쩔 수 없이 현장에서 이승우 작가에게 직접 전화를 걸었다. 예의에 어긋나는 일이 아닐까 걱정했는데, 작가는 내 시도에 흥미를 보이면서 "그 나무는 (소설과 달리) 능 안에 있다"라고 말했다.

표를 끊어 능 안으로 들어서면서 나이 지긋한 직원에게 때죽나무가 어디에 많은지 물었다. 직원은 "오솔길을 따라가다 의자 있는 곳 바로

굵은 소나무 줄기를 두 팔로 감싸 안은 듯한 때죽나무. 남양주 홍유릉의 홍릉과 유릉 사이 오솔길에 있다.

뒤에 있다"고 알려주었다. 그러곤 "이곳엔 기가 막힌 나무들이 많다"면서 "때죽나무는 꽃이 피면 향기가 아주 좋고 질 때는 마치 눈이 내리는 것 같다"라고 말했다.

홍릉과 유릉 사이 오솔길로 들어섰을 때, 정말 소나무를 두 팔로 감싸 안은 듯한 나무가 있었다. 뿌리에서 두 줄기가 올라와 한 줄기는 오른쪽으로 퍼지고, 다른 한 줄기는 소나무 쪽으로 자라면서 다시 가지가 갈라져 두 팔을 벌린 듯 소나무를 감싸 안고 있었다. 두 나무가 바로 옆에서 자라 뿌리는 가지보다 훨씬 더 엉켜 있을 것이 분명했다.

나무에 뿌리가 다른 나뭇가지가 서로 붙어 마치 한나무처럼 자라는 '연리지(連理枝)'라는 현상이 있다. 홍유릉 때죽나무와 소나무는 연리지는 아니지만, 연리지와 다름없이 사랑을 나누는 듯한 모습이다. 같이 간 아내는 "두 나무는 전생에 인연이 깊은 것 같다. 그렇지 않고서야 이렇게 사랑을 나누듯 안고 있을 수 있겠느냐"라고 말했다.

원래 때죽나무는 왕릉에 많이 심는 나무다. 5월에 꽃이 피면 밤에도 주변이 환해지는 듯한 느낌이 든다고 해서 왕릉 정자각(丁字閣·丁자 모양 건물로, 제사를 지내는 곳)을 밝히는 의미로 심었다고 한다. 홍유릉은 다른 왕릉과 달리 황제들의 능이라 정자각 대신 일자각(一字閣)을 지어놓았다.

이승우(1959년생)는 서울신학대를 졸업했다. 그래서 그의 초기작들은 대부분 기독교적 구원 문제를 시대의 고민과 연결시키고 있다. 첫 소설 〈에리직톤의 초상〉은 1981년 교황 요한 바오로 2세의 저격 사건에 영감을 받아 쓴 작품이다. 그는 또 인간 심리에 자리 잡은 원죄의식과 불안, 신의 존재 등을 현실 속에서 형상화하는 데 탁월하다는 평을 받고 있다. 그에게 '종교적이고 관념적인 작가'란 꼬리표가 붙는 이유다. 현재 조선대 문예창작과 교수로 재직 중이다.

이승우는 또 한국보다 서양에서 가치를 인정받는 작가이기도 하다. 《식물들의 사생활》은 한국 소설로는 처음으로 프랑스를 대표하는 문고본인 갈리마르 출판사 폴리오 시리즈에 목록을 올렸다. 장편 《생의 이면》은 프랑스에서 공쿠르 문학상에 버금가는 페미나 문학상의 외국어 소설 부문 최종심 후보에 오르기도 했다.

인왕산 생태탐방길을 걷다 보면 때죽나무 숲이 있다. 애들이 어릴 때, 까까머리 동자승들이 모여 있는 듯한 때죽나무 열매들을 만지며 그 길을 자주 걸었다. 5월이 되어 때죽나무꽃이 진한 향기를 뿜어낼 무렵, 다시 그 길을 걸으며 '한 사람을 사랑한다'라는 것이 무엇을 의미하는지 생각해보고 싶다.

때죽나무
쪽동백나무

관능적이며 치명적인 때죽나무

때죽나무

ⓒ김태정 # 쪽동백나무

때죽나무는 산에서는 물론 공원에서도 많이 볼 수 있다. 마취 성분을 갖고 있어서 잎과 열매를 찧어서 물에 풀면 물고기들이 기절해 떠오른다. 그래서 물고기가 떼로 죽는다고 때죽나무라 불렀다는 얘기가 있다. 또 가을에 주렁주렁 달린 때죽나무 열매를 보면 꼭 머리를 깎은 스님들이 모여 있는 것 같다. 여기서 '떼중'이 변해 때죽나무라 불렀다는 설도 있다. 또 검은 수피 때문에 '때가 많은 껍질의 나무'라서 이러한 이름을 가졌다는 설까지 있다. 영어로는 'Snowbell'이라는 예쁜 이름을 가졌다.

때죽나무와 아주 비슷한 나무로 쪽동백나무가 있다. 등산하다 보면 쪽동백나무를 산 중턱쯤에서 흔히 볼 수 있다. 두 나무는 꽃과 열매, 나무껍질이 모두 비슷하지만, 잎이 다르다. 때죽나무는 잎이 작고 긴 타원형이며 끝이 뾰족하지만 쪽동백나무는 잎이 손바닥만큼 크고 원형에 가깝다. 쪽동백나무 꽃들은 20송이 정도가 모여 포도송이 같은 꽃차례를 이룬다. 쪽동백이라는 이름은 기름을 짜는 나무의 대명사인 '동백'에다 쪽배에서처럼 '작다'는 의미의 접두사 '쪽'을 붙인 것이다.

김정한 〈모래톱 이야기〉
윤흥길 〈기억 속의 들꽃〉
강석경 〈숲 속의 방〉
최명희 〈혼불〉
김훈 〈칼의 노래〉
박완서 《아주 오래된 농담》
김주영 《홍어》
이문열 《선택》
정유정 《7년의 밤》
조정래 《허수아비춤》

3부
꽃, 세상에 맞서다

나는 강석경의 〈숲 속의 방〉에 대해 쓰는 것을 계속 미루었다. 이 소설에는 '사루비아'라는 강렬한 꽃이 등장해 쉽게 쓸 수도 있는 소재였다. 그러나 글을 쓰려면 대학 시절 고민과 방황을 다시 정면으로 응시해야 할 것 같은 두려움에 망설이고 망설인 것 같다. 소설에 나오는대로, 1980년대 대학생들에게 방황은 청춘의 특권이 아니라 형벌이었는지도 모르겠다.

김정한 〈모래톱 이야기〉
힘겨운 삶과의 대비, 갈대

> "저 갈대들이 다 자라면
> 지나다니기가 무서울 테지?
> 사람의 길이 훨씬 넘을 테니까."

　김정한(1908~1996) 단편소설 〈모래톱 이야기〉의 전체적인 색깔을 고르라면 갈대색이다. 1960년대 부산 부근 낙동강 하류에 있는 조그만 모래톱으로 만들어진 섬, '조마이섬'이 배경이라 갈대가 많이 등장하고 있다. 조마이섬은 실제로 있는 섬은 아니지만, 을숙도가 모델이라고 한다.

　소설에서 교사인 '나'는 가정방문 차 강가에서 나룻배를 기다릴 때, '갈대 그림자가 그림처럼 고요히 잠겨 있는 강물'을 내려다보고, '나룻

배를 내려서자, 갈밭 속을 뚫고 나간 좁고 긴 길'을 따라 건우라는 학생네 집으로 간다. 조마이섬에서 힘겹게 살아가는 주민들과 싱싱하게 자라는 갈대를 대비시키는 문장도 나온다.

> 길가 수렁과 축축한 둑에는 빈틈없이 갈대가 우거져 있었다. 쑥쑥 보기 좋게 순과 잎을 뽑아 올리는 갈대청은, 그곳을 오가는 사람들과는 판이하게 하늘과 땅과 계절의 혜택을 흐뭇이 받고 있는 듯, 한결 싱싱해 보였다.
> "저 갈대들이 다 자라면 지나다니기가 무서울 테지? 사람의 길이 훨씬 넘을 테니까."
> 나는 무료에 지쳐 건우를 돌아보았다.
> "괜찮심더. 산도 아인데요."
> 그는 간단히 대답할 뿐이었다. 아직두 짐승보다 인간이 더 무섭다는 것을 미처 모르는 모양이었다.
> 길바닥까지 몰려나왔던 갈게들이, 둔탁한 사람들의 발자국 소리에 놀라 이리저리 황급히 구멍을 찾아 흩어지는가 하면, 어느 하늘에선지 종달새가 재잘재잘 쉴 새 없이 재잘거리고 있었다.

건우 할아버지는 '갈밭 속에서 나고 늙어간다는 데서' 별명이 '갈밭

갈대 ©김태정

새 영감'이다. 갈밭새 영감은 두 알의 가래 열매를 갖고 다니며 달가닥대는 버릇이 있는데, 나는 그 소리가 '어떤 깊은 분노의 분출을 억제하는 그의 마음의 울부짖음 같기도 했다'라고 생각한다. 그러면서 '따그르르 따그르르 하는 그 소리가, 나룻가 갈밭에서 요란스럽게 들려오는 갈밭새들의 처량한 울음소리와 흡사하다'라고 느낀다.

땅을 소유하지 못한 민중들의 분노와 저항

이 소설에서 '나'는 부산 일류 K중학교에서 교편을 잡고 있다. 그는 반 학생 중 조마이섬에서 나룻배를 타고 통학하는 건우라는 학생이 있는 것을 알고 관심을 갖는다. 건우 아버지는 6·25 때 전사했고, 삼촌은 원양으로 삼치 잡이를 나갔다가 죽었다. 나는 건우의 일기와 가정방문을 가서 만난 건우 할아버지 등을 통해, 섬 주민의 삶의 터전인 조마이섬 소유자가 주민들과는 무관하게 일제강점기 시대엔 동양척식주식회사, 해방 후엔 국회의원, 현재는 매립 허가를 받은 유력자 등으로 바뀌고 있다는 사실을 알게 된다. 주민들이 선조로부터 물려받은 땅, 자기들 것이라고 믿어오던 땅이었다. 건우 할아버지는 "선생님은 글을 잘 씬다 카데요? 우리 섬에 대한 글 한분 써보이소. 멋지기!"라고 부탁한다.

그런데 그해 처서 무렵 낙동강 일대에 60년 만의 폭우가 쏟아진다.

나는 조마이섬 주민들을 걱정하며 강변에 나갔다가 조마이섬이 이미 물에 차 있는 광경을 목격한다. 섬 주민들은 부실하게 쌓아놓은 둑을 허물지 않으면 섬 전체가 위험할 것으로 판단하고 둑을 허물었다. 이 과정에서 건우 할아버지는 둑을 유지하려는 유력자의 하수인 중 한 명을 탁류에 던져 숨지게 한다. 이후, 9월이 되어 개학했지만 건우를 볼 수는 없었다는 것으로 소설이 끝난다.

이처럼 소설은 실제로 그 땅에 살면서도 외세와 제도의 불합리 때문에 한 번도 그 땅을 소유하지 못하는 민중들의 분노와 저항을 담고 있고, 건우 할아버지의 저항은 그 정점에 있다고 할 수 있다.

투박한 어투로 민중의 현실을 증언하는 〈모래톱 이야기〉는 당시 실존주의 등 외국 문학의 영향에 사로잡힌 한국 문단에 한 방 먹이는 작품이었다(《부산일보》, 2008년 '새로 쓰는 요산 김정한' 시리즈). '우리 의식 바깥에 있던 민중의 존재와 민족 현실의 문제를 본격적으로 제기한' 작품이었다는 것이다.

〈모래톱 이야기〉는 작가가 25년의 공백기를 거쳐 1966년 발표한 작품이다. 1966년이면 작가가 부산대 국문학과 교수로 재직할 때였다. 작가는 오랜 침묵을 깨고 소설을 쓴 이유를 소설 첫머리에서 다음과 같이 장엄하게 밝히고 있다.

이십 년이 넘도록 내처 붓을 꺾어오던 내가 새삼 이런 글을 끼적거리게 된 건 별안간 무슨 기발한 생각이 떠올라서가 아니다. 오랫동안 교원 노릇을 해오던 탓으로 우연히 알게 된 한 소년과, 그의 젊은 홀어머니, 할아버지, 그리고 그들이 살아오던 낙동강 하류의 어떤 외진 모래톱 — 이들에 관한 그 기막힌 사연들조차, 마치 지나가는 남의 땅 이야기나, 아득한 옛날 이야기처럼 세상에서 버려져 있는 데 대해서까지는 차마 묵묵할 도리가 없었기 때문이다.

평생 반골로 산 '낙동강 파수꾼' 김정한

김정한은 평생을 일제, 독재와 맞서 싸우는 반골의 생애를 살았다. 동래고보 시절부터 독립운동에 앞장서면서 두 번이나 옥고를 치렀고, 해방 후에도 현실과 타협하지 않은 성품으로 문단에서 존경을 받았다.

작품들도 마찬가지였다. 선생이 1936년 《조선일보》 신춘문예를 통해 등단한 작품은 일제와 토착지주, 사찰의 수탈 때문에 고통받는 절 아랫마을 사람들을 그린 〈사하촌〉이었다. 발표 직후 김정한은 불교 괴청년들에게 끌려가 두들겨 맞았고, 상금은 고스란히 약값으로 들어갔지만 김정한의 저항정신은 꺾이지 않았다.

1969년에는 이름 없는 민중들의 항거를 다룬 중편소설 〈수라도〉로 한국문학상을 받았다. 〈수라도〉는 한 여인의 일생을 통해 한말부터 광복 직후에 이르는 민족의 수난사를 재현한 작품이다. 작가가 1987년 80세의 나이에도 불구하고, 초대 민족문학작가회의 의장을 맡은 것은 어찌 보면 자연스러운 일이었다.

작가는 고향에서 일평생을 살다가 고향 땅에 묻힌 보기 드문 문학인이기도 하다. 그래서 그의 이름 앞에는 '낙동강 파수꾼'이라는 수식어가 붙는다.

작가는 또 우리말과 야생화에 강한 애착을 보였다. 후배 문인들이 '이름 모를 꽃'이라는 표현을 쓰면 "세상에 이름 모를 꽃이 어딨노! 이름을 모르는 것은 본인의 사정일 뿐. 이름 없는 꽃은 없다. 모르면 알고 써야지! 모름지기 시인, 작가라면 꽃의 이름을 불러주고 제대로 대접해야지!"라고 꾸짖었다. 그러면서 우리말 노트를 직접 만들어 사용했고, 손수 주변 식물들을 정리한 노트도 만들었다. 그래서인지 〈모래톱 이야기〉에도 '쑥쑥 보기 좋게 순과 잎을 뽑아 올리는 갈대청', '울타리 너머로 보이는 길찬 장다리꽃(무나 배추의 꽃줄기에 핀 꽃)들', '사립 밖에 해묵은 수양버들 몇 그루' 등과 같이 생생한 식물 표현들이 많다.

작가의 생가(부산 금정구 남산동) 옆에는 선생의 문학과 생애를 기리는 '요산문학관'이 있다. 여기에는 선생이 만든 여덟 권의 우리말 노트와 두 권의 향토식물조사록 등이 남아 있다.

문학평론가 김윤식은 한 기고에서 이 우리말 노트와 식물조사록을 본 것을 회상하며 "엄숙한 문학 정신의 영역"이라고 했다. 김동리 선생도 후배 문인들의 글을 보다가 '이름 모를 꽃'이 나오면 "네가 모른다고 이름 모를 꽃이냐"라고 야단을 쳤다.

이처럼 선생이 오랜 침묵을 깨고 발표한 〈모래톱 이야기〉는 이 땅의 기층 민중, 우리말과 야생화에 대한 선생의 사랑을 담고 있고, 낙동강을 배경으로 하고 있다는 점에서 선생의 특징을 고스란히 담고 있는 작품이라 할 수 있겠다.

〈모래톱 이야기〉의 갈대가 저항하는 민중들의 상징이라면 신경림의 시 〈갈대〉에서 갈대는 인간의 근원적인 슬픔을 담고 있다.

언제부턴가 갈대는 속으로
조용히 울고 있었다.
그런 어느 밤이었을 것이다. 갈대는
그의 온몸이 흔들리고 있는 것을 알았다.

바람도 달빛도 아닌 것.
갈대는 저를 흔드는 것이 제 조용한 울음인 것을
까맣게 몰랐다.

―산다는 것은 속으로 이렇게
조용히 울고 있는 것이란 것을
그는 몰랐다.

_신경림 〈갈대〉 전문

갈대
억새
달뿌리풀

갈대는 습지에, 억새는 산과 들에

갈대는 대나무처럼 마디가 있고 갈색이라 갈대라 부른다. 〈모래톱 이야기〉의 배경인 을숙도뿐만 아니라 순천만, 충남 서천 신성리(금강 하구)도 갈대밭으로 유명하다. 신성리 갈대밭은 영화 〈공동경비구역 JSA〉 촬영지로도 잘 알려져 있다. 이처럼 갈대는 냇가 등 습지에서 자라지만, 억새는 주로 산이나 들에서 자란다. 가평 유명산, 포천 명성산, 정선 민둥산, 창녕 화왕산 등이 억새로 유명한 산들이다.

갈대

억새

언뜻 보면 벼과 식물인 갈대, 억새, 달뿌리풀은 비슷하게 생겼다.
이중 억새는 대체로 사는 곳이 다르고, 열매 색깔도 은색이 도는 흰색이라 갈대·달뿌리풀과 어렵지 않게 구분할 수 있다. 억새는 또 잎 가운데 흰색의 주맥이 뚜렷하지만, 갈대 등은 잎에 주맥이 보이지 않는 차이가 있다. 억새의 이삭은 한쪽으로 단정하게 모여 있다. 사람들은 대개 꽃이 피었다가 이미 지고 열매가 익어 은빛을 띠면 흰 억새꽃이 피었다고 말한다. 갈대에 대해서도 마찬가지다.

©김태정 # 달뿌리풀

갈대와 달뿌리풀은 구분하기 쉽지 않은데, 갈대는 비교적 꽃과 열매 이삭이 촘촘히 달렸고 미친 여자 머리처럼 산발한 느낌을 준다. 반면 달뿌리풀은 꽃과 열매 이삭이 대머리 직전처럼 엉성해 휑한 느낌을 준다. 달뿌리풀은 줄기를 감싼 잎이 자줏빛을 띠는 점도 구분 포인트다.

또 갈대는 뿌리가 아래로, 달뿌리풀은 옆으로 뻗는 것도 차이점이다. 달뿌리풀이라는 이름은 '뿌리'가 땅 위로 '달린다'는 뜻을 담고 있다.

정리하자면 이삭이 여고생 머리처럼 한쪽으로 단정하게 모여 있으면 억새, 무성하고 산발한 것처럼 보이면 갈대, 대머리 직전처럼 엉성하면 달뿌리풀로 구분할 수 있겠다.

윤흥길 〈기억 속의 들꽃〉
이 세상에 없는 기억 속의 들꽃, 쥐바라숭꽃

> "쥐바라숭꽃…… 이름처럼 정말 이쁜 꽃이구나.
> 참 앙증맞게두 생겼다."

거대한 교각 바로 위 무너져 내리다 만 콘크리트 더미에 이전에 보이지 않던 꽃송이 하나가 피어 있었다. 바람을 타고 온 꽃씨 한 알이 교각 위에 두껍게 쌓인 먼지 속에 어느새 뿌리를 내린 모양이었다.
"꽃 이름이 뭔지 아니?"
난생처음 보는 듯한, 해바라기를 축소해놓은 모양의 동전만 한 들꽃이었다.

"쥐바라숭꽃……."

나는 간신히 대답했다. 시골에서 볼 수 있는 거라면 명선이는 내가 뭐든지 다 알고 있다고 믿는 눈치였다. 쥐바라숭이란 이 세상엔 없는 꽃 이름이었다. 엉겁결에 어떻게 그런 이름을 지어낼 수 있었는지 나 자신 어리벙벙할 지경이었다.

"쥐바라숭꽃…… 이름처럼 정말 이쁜 꽃이구나. 참 앙증맞게 두 생겼다."

윤흥길의 단편소설 〈기억 속의 들꽃〉에는 이처럼 쥐바라숭꽃이라는 꽃 이름이 나온다. '해바라기를 축소해놓은 모양의 동전 크기만 한 들꽃'이다.

이 소설은 6·25 때 만경강 부근 피난민들이 지나는 마을을 배경으로 하고 있다. '나'는 피난민들이 떠나고 남겨진 고아 명선이를 우연히 집으로 데려온다. 어머니는 처음에 명선이를 박대하다가 명선이가 금반지를 내밀자 반색하면서 우리 집에서 살게 한다.

명선이는 영악하면서도 웬만한 텃세나 구박에 굴하지 않는 당돌한 아이고, 하는 짓거리마다 시골 아이들 뺨치는 개구쟁이다. 특히 부서진 다리 철근 위에서 위험한 곡예를 벌이는 것이 특기다. 그러나 비행기 폭격 후 정신을 차려보니, 엄마가 자기 위에서 죽어 있어서 밀어낸 기억이 있는 아이다. 그래서 누군가 자다가 다리라도 올리면 비명을 지르며 깨어나고, 다른 것은 도무지 무서워할 줄 모르면서도 유독 비행기만은 병적으로 겁을 내는 아이였다.

명선이는 시간이 지나면서 '나'의 부모가 다시 구박하기 시작하자 또 금반지를 내놓는다. 나의 부모는 명선이가 금반지를 더 갖고 있을 것으로 확신하고 어디에 숨겼는지를 추궁했다. 그러자, 명선이는 집을 나가버린다. 이 일이 소문나면서 명선이는 금반지를 찾으려는 동네 사람들에게 발가벗겨지는 수모를 당한다. 이 과정에서 명선이가 '머스매'가 아니라 '지집애'라는 것과 서울 부잣집의 무남독녀였다는 사실이 밝혀진다.

쥐바라숭꽃, 강인하게 사는 명선을 상징

위에서 인용한 대목은 이런 일이 일어난 다음 '나'와 명선이가 부서진 다리의 철근 위에서 놀다가 꽃을 발견하는 장면이다. 그다음은 이렇다.

> 또 한바탕 위험한 곡예 끝에 그 애는 기어코 그 쥐바라숭이꽃을 꺾어 올려 손에 들고는 냄새를 맡아보다가 손바닥 사이에 넣어 대궁을 비벼서 양산처럼 팽글팽글 돌리다가 끝내는 머리

에 꽂는 것이었다. 다시 이쪽으로 건너오려는데 이때 바람이 획 불어 명선의 치맛자락이 홀렁 들리면서 머리에서 꽃이 떨어졌다. 나는 해바라기 모양의 그 작고 노란 쥐바라숭이꽃 한 송이가 바람에 날려 싯누런 흙탕물이 도도히 흐르는 강심을 향해 바람개비처럼 맴돌며 떨어져내리는 모양을 아찔한 현기증으로 지켜보고 있었다.

쌓인 먼지에 뿌리 내리는 쥐바라숭꽃은 전쟁 중에 홀로 강인하게 살아가는 명선이를 상징하는 꽃이다. 그런데 명선이 머리에서 꽃이 떨어지는 것은 명선이가 곧 죽을 것임을 암시한다. 다시 다리 철근 위에서 놀던 어느 날, 명선이는 비행기 폭음에 놀라 한 송이 들꽃처럼 떨어져 죽는다. 명선이가 죽은 후 '나'는 다리 끝에 매달려 있는 명선이의 헝겊 주머니에서 금반지를 발견한다. 그러나 주머니째 강물에 떨어뜨리고 마는 것으로 소설이 끝난다.

〈기억 속의 들꽃〉은 이처럼 한 소녀의 죽음을 통해 전쟁의 비극을 보여주고, 전쟁이 야기하는 어른들의 비인간성도 고발하는 소설이다. 길지 않은 소설이지만 명선이, 나, 어머니, 아버지, 누나, 숙부 등 다양한 인물들의 심리 변화가 장편처럼 섬세하게 그려져 있다.

민들레 ©김대청

전북 정읍 출신인 작가 윤흥길(1942년생)은 절도 있는 문체로 현실의 왜곡, 부조리, 기괴함 등을 작품에서 나타낸다. 전사한 국군 아들을 둔 외할머니와 빨치산 아들을 둔 할머니가 한집에서 사는 이야기인 〈장마〉, 성남으로 강제로 이주당한 사람들의 이야기를 쓴 연작소설 《아홉 켤레의 구두로 남은 사내》 등이 대표작이다. 〈장마〉는 영화로도 만들어졌다. 권력의 생태를 풍자와 해학으로 표현한 장편 《완장》도 잘 알려진 소설이다.

민들레·개망초도 아닌 상상 속의 꽃 쥐바라숭꽃

그럼 쥐바라숭꽃은 실제로는 어떤 꽃일까. 아니면 어떤 꽃에 가까울까. 〈기억 속의 들꽃〉은 중학교 교과서에 나오는 소설이다. 인터넷상에는 이 꽃이 어떤 꽃인가에 대한 다양한 견해들이 오갔다.

쥐바라숭꽃은 교각 위 먼지 속에 뿌리를 내렸고, 난생처음 보는듯한 모양이다. 그리고 꽃은 동전만 한 크기를 가졌으며, 해바라기 모양의 노란색이고, 대궁을 비벼서 돌릴 수 있는 들꽃이라고 했다. 이 다섯 가지 조건을 충족하는 꽃이 있을까.

먼저 떠오르는 꽃은 민들레다. 해바라기처럼 노란색이라는 점, 흙이 조금만 있어도 자랄 정도로 척박한 환경에서도 잘 자라는 점, 무엇보다 비빌 수 있는 대궁(대)이 있다는 점 등을 그 근거로 들 수 있다. 그러나 민들레는 해바라기와 달리 갈색의 꽃 중심부(대롱꽃 다발)가 없다는 점에서 모양이 다르고, 꽃의 크기도 동전보다는 크다. 또 민들레는 흔하디흔한 꽃이어서 '난생처음 보는 듯한' 꽃도 아닐 것이다.

다음은 개망초다. 1984년 한국방송(KBS)에서 이 소설을 〈TV문학관〉 드라마로 만들었는데, 쥐바라숭꽃을 개망초로 표현했다고 한다. 척박한 땅에서도 잘 자라고 꽃의 크기는 동전만 하다는 점에서 그럴듯해 보인다.

개망초는 공터 등 어디서나 흔히 볼 수 있는 풀이고, 꽃의 모양을 갖춘, 그런대로 예쁜 꽃이다. 하얀 꽃 속에 은은한 향기도 신선하다. 반면 망초는 볼품없이 피는 듯 마는 듯 피었다가 지저분하게 지고 마는 꽃이다. 보통 '개' 자가 들어가면 더 볼품없다는 뜻인데, 개망초와 개별꽃만은 망초와 별꽃보다 더 예쁘다.

그러나 개망초는 결정적으로 꽃잎으로 보이는 혀꽃이 흰색이라는 점에서 쥐바라숭꽃일 수 없다. 더구나 너무 흔한 꽃이어서 난생처음 보는 듯한 꽃일 수도 없다.

그렇다면 노란 꽃이 피는 씀바귀가 아닐까 생각해볼 수도 있겠다. 교각 위 먼지 속에 뿌리를 내릴 수 있고, 동전만 한 크기이고 대궁을 비벼서 돌릴 수 있는 들꽃이기도 하다. 그러나 역시 전체적인 인상이

개망초

해바라기 축소판과는 거리가 있다.

　해바라기처럼 생겼다는 점에 방점을 두고 루드베키아가 아니냐고 하는 사람들도 있다. 루드베키아가 해바라기와 비슷하게 생긴 것은 맞지만, 꽃이 동전보다 훨씬 크다는 점에서 쥐바라숭꽃일 수 없다. 또 키가 50센티미터 정도로 자라서 교각 먼지에서 자라기도 어려울 것이다.

　그래도 혹시 쥐바라숭이라는 꽃이 실제로 있는지 최종적으로 확인해보고 싶었다. 윤흥길의 소설 속의 실제 무대를 탐사한 글 〈새챙이다리에 핀 쥐바라숭꽃〉을 쓴 문학평론가 이대규 씨에게 연락해보았다. 이 씨는 "쥐바라숭꽃은 실재하지 않고, 작가가 상상 속에서 만들어낸

꽃"이라며 "만경강 근처에만 자라는 해바라기 닮은 특별한 꽃이 있는 것도 아니다"라고 말했다. 이 씨는 고향이 만경강 근처다. 그는 또 "이 꽃이 갖는 상징성이 중요하지 실제 꽃이 존재하는지 아닌지는 중요하지도 않다"라고 했다. 결론적으로 쥐바라숭꽃은 실재하지 않는 '이 세상엔 없는 꽃'인 것이다.

민들레 개망초 씀바귀 루드베키아

총포가 젖혀 있으면 서양민들레, 붙어 있으면 토종민들레

민들레, 개망초, 씀바귀, 루드베키아는 모두 국화과 꽃들이다.

ⓒ김태정 # 민들레

민들레는 전국 각지의 산과 들, 길가 빈터 등에서 흔히 볼 수 있다. 요즘엔 토종민들레 대신 귀화한 서양민들레가 더 흔해졌다. 4~5월 한 번만 꽃이 피는 토종민들레와 달리, 서양민들레는 연중 계속 꽃을 피우면서 맹렬하게 퍼지기 때문이다. 그래서 요즘은 시골에서도 토종민들레 구경하기가 쉽지 않은 실정이다. 서양민들레는 꽃을 감싸는 총포 조각이 아래로 젖혀져 있지만, 토종민들레는 총포 조각이 위로 딱 붙어 있는 것이 구분 포인트다.

개망초

개망초는 망초와 함께 북아메리카 원산인 귀화식물이다. 망초, 개망초는 밭에 많이 자라면 농사를 망치기 때문에 이 같은 이름이 붙었다. 개화기 나라가 망할 때 들어온 꽃이라 해서 그런 이름을 붙였다는 얘기도 있다. 개망초는 꽃 가장자리에 가느다란 흰색 혀꽃이 촘촘히 돌려나고 가운데에는 노란색 통꽃이 촘촘히 박혀 있다. 그래서 아이들이 계란프라이와 비슷하다고 '계란꽃'이라고 부르기도 한다.

씀바귀

씀바귀는 5~6월 들이나 산은 물론, 아파트 공터, 길거리 등에서 흔히 볼 수 있는 꽃이다. 봄에 뿌리와 어린 순을 나물로 먹는데, 이름에서 짐작할 수 있듯이 쓴맛이 난다. 줄기와 잎을 뜯으면 흰즙(유액)이 나오는 것이 씀바귀의 특징이다.

루드베키아

루드베키아(Rudbeckia)는 북아메리카 원산의 꽃이다. 꽃 지름이 10~12센티미터이고 혀꽃은 노란색, 중앙부는 검은색 계통이라 해바라기와 비슷한 모양이다. 우리말로는 '원추천인국'이라고 부른다.

강석경 〈숲 속의 방〉
1980년대 청춘의 방황, '사루비아'

> "
> 사루비아는 늦여름의 태양 아래
> 선혈을 뚝뚝 흘리고 있었고
> 소양은 강물처럼 밀려오는 붉은 꽃무리에
> 익사할 것만 같았다.
> "

어릴 적 샐비어(사루비아) 꽃잎을 빨아 먹은 기억이 있는 사람들이 많을 것이다. '깨꽃'이라고도 부르는 샐비어는 꿀이 들어 있어서 꽃잎을 빨면 단맛이 난다. 그런데 1980년대 여대생의 방황을 그린 강석경의 〈숲 속의 방〉에서는 샐비어가 전혀 다른 이미지의 꽃으로 등장한다.

소설은 소양이 휴학한 사실을 가족들이 뒤늦게 아는 것으로 시작한다. 소양은 교정에 핀 '사루비아' 붉은 꽃 무리가 너무 강렬해서 휴학했다고 말한다.

소양이 휴학할 생각을 한 것은 갑작스런, 즉 충동적인 것인 듯
했다. 소양은 분명 등록금을 낼 생각으로 학교에 갔다. 덧없이
한 학기를 보냈으며 지겨운 학기가 또 시작됐다는 생각을 했
지만 그것이 유별난 감정을 불러일으킨 정도는 아니었다.
등록금을 내러 많은 아이들이 몰려가고 있었다. 소양은 떼밀
리듯 그들 속에 섞였다. 교문에서 학관으로 걸어 들어가자 사
루비아 화단이 눈에 들어왔다.
붉은빛이 쏟아져 들어왔다고 표현할 만큼 강렬했나 보다. 사
루비아는 늦여름의 태양 아래 선혈을 뚝뚝 흘리고 있었고 소
양은 강물처럼 밀려오는 붉은 꽃 무리에 익사할 것만 같았다.
"그래서 휴학했단다. 그게 이유야."
나는 입을 벌린 채 어머니를 바라보았다. 사루비아에 얽힌 어
떤 사건을 상상하고 있었는데 늦여름 태양 아래 붉게 타오르
는 사루비아 화단 한 장면이 전부라니. 또 선혈을 뚝뚝 흘리고
따위의 표현은 내 감정에 도저히 받아들여지지 않았다.

 이 소설의 화자인 소양의 언니 미양은, 스페인 소도 아닌데 빨간
'사루비아'를 보고 충동을 받은 소양을 어이없어하면서 그녀가 휴학
한 이유를 추적하기 시작한다. 소양의 친구들인 명주, 경옥, 희중 등을
만나고 몰래 소양의 일기장을 들추어보기도 한다. 이 과정에서 소양

샐비어

이 전형적인 부르주아 집안인 자신의 가정을 혐오하고, 학교와 사회 어느 곳에서도 삶의 진실을 찾지 못하고 방황하고 있다는 사실을 안다.

　소양의 친구 명주는 운동권 학생 입장을 대변하는 인물, 경옥은 어설픈 윤리 의식을 거부하고 자기 편한 대로 사는 인물이다. 미양이 명주를 만나기 위해 대학에 갔을 때, '사루비아'가 다시 나온다.

　　마이크 소리가 울리는 어둑한 강의실 복도로 빠져나와 밖으로 나서자 사루비아 화단이 눈부시게 다가섰다. 갑자기 쏟아지는 햇빛과 함께 그것은 핏물처럼 시야에 번졌고 나는 거의 현기증을 느꼈다.

회색인으로 방황한 소양의 꽃, '사루비아'

경옥은 소양이가 처음엔 함께 데모하다가 나중엔 빠졌는데 데모할 때도 갈등했고 빠질 땐 빠져서 괴로워했다고 전해준다. 그러나 소양이의 주요 고민은 데모가 아니었다. 어머니가 데모하다 잘려서 휴학한 건 아니냐고 묻자 소양은 "그런 뚜렷한 명분이 있으면 행복하겠다"라고 했다. 소양은 쇠사슬같이 무거운 청춘을 탕진하기 위해, 그냥 바닥으로 내려갈 대로 내려가보려고 술집 호스티스로 나가기도 했다.

결혼식을 치른 미양이 남편와 함께 신혼여행에서 돌아온 날 밤, 소양은 자살한다. 명주처럼 운동권으로 살지도 못하고, 경옥처럼 이기적인 삶을 살지도 못한 채 중간에서 '회색인'으로 방황하다 자살에 이른 것이다.

〈숲 속의 방〉을 읽은 다음 샐비어를 보면 이전과 다른 느낌을, 소양의 고민을 짊어진 꽃이라는 인상을 받는다. 그러나 소양이 암울한 시대에 질식한 여대생이었는지, 청춘의 고민을 주체하지 못한 우울증 환자였는지는 소설을 다시 읽어보아도 명확하지 않다.

1985년 나온 〈숲 속의 방〉은 내가 대학을 다닌 1980년대 대학생들 사이에서 널리 읽힌 책이다. 흥행에 성공하지는 못했지만 1992년

최진실이 소양 역을 맡아 같은 제목의 영화로 만들어지기도 했다.

강석경(1951년생)은 1973년 등단 후 40년간 끈질기게 예술과 삶의 본질, 사회 속에서 자아의 실체를 추적해온 작가라는 평을 받고 있다. 최근에는 65세 연극배우의 삶을 편지 형식으로 재구성한 장편소설 《신성한 봄》을 발표했다. 강석경이 인물과 배경 묘사에서 '선혈을 뚝뚝 흘리고' 같은 색채어를 즐겨 사용하는 것은 미대를 졸업한 영향일 것이다.

대학 시절 방황을 응시하게 만든 〈숲 속의 방〉

〈숲 속의 방〉이 나온 직후인 1986년 5월 서울대 국문학과 박혜정 양(83학번)이 한강대교에서 투신했다. 박 양은 잇단 서울대생의 분신자살을 지켜보며 '5월은 회색인으로 살아가기는 어려운 달'이라는 말을 남겼다. 또 "아파하면서 살아갈 용기 없는 자, 부끄럽게 죽을 것. 살아감의 아픔을 함께할 자신 없는 자, 부끄러운 삶일 뿐 아니라 죄지음이다. 더 이상 죄지음을 빚짐을 감당할 수 없다"는 내용의 유서를 남겼다. 〈숲 속의 방〉이 나온 직후여서 언론은 소설과 실제 현실의 유사성에 주목했다. 당시 강석경은 "소설 속의 죽음은 내가 연출한 것인데, 박 양의 죽음은 시대가 연출한 진짜 속죄양인 것 같아 가슴이 막막하다"라고 했다.

박혜정 양이 투신한 것은 1986년 4월 28일 김세진·이재호 열사가 반전반핵을 외치며 분신자살한 지 얼마 지나지 않아서였다. 그즈음 나는 대학 신입생이었다. 대학에서 맞은 무한한 자유와 더불어 암울한 사회 현실은 고등학교 때까지 교장 선생님이 원하는 '착한 학생'으로 살아온 내가 감당하기에 벅찼다. 그즈음 나는 친구에게 다음과 같은 편지를 보냈다.

> 어느새 5월이 되어버렸다. 5월이라는 말을 쓰고 보니 〈5월 그 날이 다시 오면〉 하는 노래가 떠오른다. 그만큼 이곳 분위기는 소위 말하는 '의식화'를 강요하고 있다. 난 이런 것들이 대학생활에 이렇게까지 밀착된 줄은 몰랐었다.
> 운동권 학생들의 모습은 너무도 당당했다. 난 적어도 나보다 많이 알고 똑똑한 형들이므로 애써 믿어보려고도 했다.
> 솔직히 말해서 분신 소식이 전해지던 날 나는 데모에 참가했었다. 그러나 난 도저히 형들처럼 본관 유리창에 돌을 던질 수 없었다. 이해하지도 못하면서 '반전반핵', '양키 고 홈', '미제 용병교육 전방입소 결사반대' 등을 따라 외칠 수는 없었다. 내가 데모에 참가했던 것은 다만 두 형이 목숨까지 산화시키며 투쟁을 외쳐야 하는 현실에 대한 분노 같은 그런 거였다.
> 패기만만한 신입생이었던 내가 이번 일주일을 겪으며 기가 팍

죽은 것은 사실이다. 구체적으로 인식할 수 없는 사회 현실, 순탄하지만은 않을 것 같은 앞으로의 생활이 나에게 너무도 무거운 짐처럼 느껴진다.

김세진·이재호 열사가 분신자살한 날, 서울대 본관 유리창은 하나도 남지 않고 다 깨졌다. 그러나 나는 돌을 던질 수 없었다. 이제 막 대학에 입학한 신입생이 거대한 사회 현실에 대해 학교 기물을 파손할 만큼 확신을 하기는 어려웠을 것이다. 쟁점이 민주화만이었다면 단순했겠지만 '양키 고 홈' 등은 다른 차원의 문제였다. 다만 나는 가슴에서 치밀어오르는 것을 누를 길이 없어 데모 대열에 참가했고, 곧바로 셀 수 없이 쏟아지는 최루탄 중 한 방을 제대로 맞고 잔디밭에 누워 가쁜 숨을 몰아쉬며 파란 하늘을 바라본 기억이 난다.

나는 강석경의 〈숲 속의 방〉에 대해 쓰는 것을 계속 미루었다. 이 소설에는 '사루비아'라는 강렬한 꽃이 등장해 쉽게 쓸 수도 있는 소재였다. 그러나 글을 쓰려면 대학 시절 고민과 방황을 다시 정면으로 응시해야 할 것 같은 두려움에 망설이고 망설인 것 같다. 소설에 나오는 대로, 1980년대 대학생들에게 방황은 청춘의 특권이 아니라 형벌이었는지도 모르겠다.

강렬한 붉은색에 단맛 나는 꽃

샐비어

샐비어는 브라질이 원산지인 꿀풀과 식물이다. 여름에 꽃대가 나오면서 붉은 꽃이 차례로 핀다. '깨꽃'이라고도 부른다. 꽃에 꿀이 많이 들어 있어서 꽃잎을 빨면 단맛이 난다. 자세히 보면 꽃잎의 아래쪽은 통 모양으로 전체를 감싸고 위쪽은 두 갈래로 갈라져 벌린 입술처럼 보이는 특이한 모양이다. 잎은 심장 모양으로 가장자리에 톱니가 있는 것이 깻잎과 비슷하다. 사루비아 하면 1980년대부터 해태에서 만든 막대형 과자 '사루비아'를 연상하는 사람도 많다.

〈숲 속의 방〉에서는 '사루비아'라고 표기했지만 '샐비어(Salvia)'가 바른 말이다. 사루비아는 '샐비어'의 일본식 발음이다. 일본 사람들이 'ㄹ' 받침 발음을 잘하지 못해 '샐비어'를 제대로 소리 내지 못하고, '사루비아'라고 쓰는 것을 그대로 수용한 이름이다. 따라서 사루비아 대신 샐비어로 쓰는 것이 맞다. 국어사전에서도 '샐비어'로 표기한다.

최명희 《혼불》
기구한 여성의 부러진 날개, 여뀌

> "
> 강실이에게는 그 목소리조차 아득하게 들렸다.
> 그러면서 등을 찌르던 명아주 여뀌 꽃대 부러지는
> 소리가 아우성처럼 귀에 찔려왔다.
> "

최명희(1947~1998)의 《혼불》을 읽으면서 왜 여뀌가 자주 등장하는지 궁금했다. 이 소설에 '여뀌 꽃대 부러지는 소리'가 반복적으로 나오기 때문이다. 10권짜리 대하소설인 이 작품 제2권에만 여뀌에 대한 묘사가 세 번 등장하고 있다.

강모는 망설이는 강실이의 팔을 잡으며, 제가 먼저 후원 쪽으로 난 샛문으로 몸을 돌렸다. 강실이는 뒤로 한 걸음 물러선다.

그 주춤하는 기척에 오히려 강모는 잡은 팔에 힘을 주어 당긴다. 텃밭을 지나 명아주 여뀌가 우거진 곳까지는 한 울타리 안이나 마찬가지였다.

순간 옹구네는 가슴이 덜컥 내려앉았다. 명아주 여뀌가 우거진 담 밑 저만큼에 무슨 희끄무레한 형국을 본 것이었다.

강실이에게는 그 목소리조차 아득하게 들렸다. 그러면서 등을 찌르던 명아주 여뀌 꽃대 부러지는 소리가 아우성처럼 귀에 찔러왔다.

4권과 6권에도 다시 여뀌가 등장한다.

강수는 죽은 후에, 그토록 그리었으나 이웃 마을 둔덕 너머 아느실 최문으로 시집간 진예 대신, 깨끗하게 살다 죽었다는 어느 먼 곳의 처녀 혼백을 맞이하여 굿을 하고 명혼을 치르었다. 그리고 강실이는 그 명혼의 신랑과 신부가 허수아비 몸을 불빛 아래 누일때 명아주 여뀌가 제 등 밑에서 부러지는 소리를 아프게 들었다.

여뀌

아니면 그 서럽고 휘황한 마당의 한쪽 귀퉁이, 무너진 토담 넘어 텃밭에 검은 어둠을 쓸어안으며 저도 함께 무너졌던, 그 돌아보기 무섭고도 그밖에는 돌아볼 일없는 순간의, 명아주 여뀌 등밑에서 부러지던 그 비명 소리인가.

강실이와 강모의 애증 관계는 이 소설의 기본 뼈대 중 하나다. 강모는 효원과 혼례를 치르지만, 정을 붙이지 못하다 연모하던 사촌 동생 강실이를 범한다. 그 장소가 명아주 여뀌가 무성한 텃밭이었고, 죽은 강수 명혼(冥婚·죽은 남녀를 맺어주는 의식)을 치르는 날 밤이었다. 그래서 강실이가 이 장면을 회상할 때마다 '여뀌 꽃대 부러지는 소리'가 반복적으로 나오는 것이다.

실구꽃에서 '부러진 여뀌' 이미지로 변한 강실

강실이는 이 소설에서 조정래 《태백산맥》의 '소화'와 같은 역할을 한다. 처음에 강실이는 살구꽃 이미지였다. 강실이 집 토담가에는 연분홍 살구꽃잎이 휘날리는 아름드리 살구나무가 서 있고, 강모와 강실이는 어릴 적 그 살구나무 아래에서 소꿉장난했다.

강실이의 기본 차림은 연분홍 치마에 연노랑 명주 저고리다. 강실이의 연분홍 옷자락은 '그만한 자리에서 보일 듯 말 듯 나부끼고만 있고', '자주 고름을 손가락에 감은 채, 고개를 갸웃 돌리고 있어서 금방 돌아서버릴 것만 같은 모습'이다. 수줍으면 귀와 흰 목의 언저리가 살구꽃 빛이 된 채 고개를 외로 돌린다.

그러나 강모가 범한 이후 강실이는 '부러진 여뀌'다. 무책임한 강모는 술집 기생 오유끼와 함께 중국 만주 봉천으로 도피해버리고, 홀로 남은 강실이는 강모와의 정사 소문을 옹구네가 퍼트리면서 벼랑 끝으로 내몰린다. 이에 춘복이가 강실이를 탐내다 겁간해 임신까지 시킨다. 강모의 부인 효원은 강실이를 먼 곳으로 떠나보내려 하지만 옹구네는 강실이를 납치해버린다.

그럼 《혼불》에는 왜 여뀌가 자주 등장할까. 소설의 배경은 전라북도 남원 사매면 서도리의 노봉마을이다. 남원을 가로지르는 강은 요천(蓼川)이고, '요'자가 '여뀌 요' 자라는 것을 알면서 그 궁금증이 풀렸다. 요천은 여뀌꽃이 만발한 모습이 아름다워 이런 이름을 얻었다고 하는데, 얼마나 여뀌꽃이 만발했으면 이런 이름까지 얻었을까. 요천에 여뀌가 만발하니 요천 주변에 있는 소설의 배경 마을도 당연히 여뀌가 흔했을 것이다. 소설에서 여뀌와 늘 함께 등장하는 명아주도 어디에나 흔하디흔한 잡초 중 하나다.

요천은 광한루 앞 등 남원 시내를 흘러 섬진강에 합류하는 남원시의 젖줄이다. 본래 '요강'이라고 부르려다 어감이 좋지 않아 요천으로 바꾸었고, 남원 사람들은 '요천수'라고 부른다. 최근 사진을 보니 둔치를 쌓는 강변 개발을 해서 여뀌가 자랄 공간이 많이 줄어든 것으로 보였다.

17년간의 에피파니(Epiphany) 후 별세한 최명희 작가

이 소설은 1936년부터 1943년 봄까지 일제강점기 유서 깊은 가문 '이 씨' 문중에서 무너져가는 종가(宗家)를 지키는 종부 3대(청암부인-율촌댁-허효원)의 갈등 관계, 이 씨 문중의 땅을 부치며 살아가는 상민 마을 '거멍굴' 사람들의 삶을 그린 소설이다. 그러면서 당시 남원의 세시풍속과 관혼상제, 촌락의 구조와 생활상, 지리 등을 완벽에 가깝게 복원해놓아 귀중한 사료적 가치도 지니고 있다는 평가를 받고 있다.

《혼불》은 작가가 17년에 걸쳐 10권으로 완성한 대하소설이다. 작가는 여고 국어교사로 재직하다 1981년 초 《혼불》을 쓰기 위해 사직했다. 작가는 《혼불》을 쓰기 시작한 이후로는 다른 작품을 쓰지 않았고, 1998년 암에 걸렸지만 치료를 거부한 채 혼불을 완간한 지 2년 만에 별세했다. 우리 나이로 52세 때였다.

작가는 '작가의 말'에서 "나는 마치 한 사람의 하수인처럼, 밤마다 밤을 새우면서 한 번도 본 일이 없는 사람들의 넋이 들려 그들이 시키는 대로 말하고 가라는 대로 내달렸다. 그것은 휘몰이 같았다"라고 했다. 이처럼 작가는 '소신공양하듯' 17년 동안 《혼불》을 쓰고 세상을 뜬 것이다.

　김영하의 2012년도 이상문학상 수상작 〈옥수수와 나〉에도 최명희 작가가 쓴 것과 비슷한 묘사가 있다. '문장들이 비처럼 쏟아져내리기 시작했다. 어쩌면 이것은 내가 지금까지 꿈꿔왔던, 모든 창작자들이 애타게 찾아헤맨다는 에피파니의 순간일지도 몰랐다'라는 대목이다. 여기서 에피파니(Epiphany)는 '새로운 진실을 문득 깨닫는 순간' 정도로 이해할 수 있을 것 같다.

　최명희는 1947년 전주에서 태어나 전북대 국문과를 졸업했다. 1980년 등단해 1981년 《동아일보》 창간 60주년 기념 장편소설 공모전에서 《혼불》(제1부)이 당선됐다. 이후 1988~1995년 월간 《신동아》에 《혼불》 2~5부를 연재했으며, 1996년 12월 1~5부를 10권으로 묶어 완간했다. 첫 발표에서 완성까지 17년이라는 세월이 걸린 것이다.

　《혼불》의 배경 마을인 남원 노봉마을은 작가 아버지의 고향으로, 최명희가 어렸을 적 많이 간 곳이다. 이 마을은 삭녕 최씨의 500년 세거지(世居地)라고 한다. 남원시는 노봉마을을 '혼불마을'로 지정하고, 이곳에 '혼불문학관'을 지었다. 문학관 내부에는 작가 최명희의 집필실 재현장과 인월댁 베짜기 체험 시설이 있고, 혼례식 장면, 강모 강실

소꿉놀이, 효원의 흡월정(吸月精) 장면, 청암부인 장례식 장면, 액막이 연날리기 장면 등도 재현해놓았다.

마을 안에는 종부(청암부인)의 집을 복원해놓았는데, '혼불문학의 집'으로 불리고 있다. 근처에는 혼불문학비도 서 있고, 전주 경기전 옆 한옥마을에도 '최명희문학관'이 있다.

작가는 1997년 전북대에서 명예문학박사 학위를 받았고, 단재문학상(1997), 여성동아대상(1998), 호암상 예술상(1998), 옥관문화훈장(2000) 등을 수상했다. 또 1997년 강원용 목사, 고건 총리, 소설가 최일남 등 사회 각계의 인사들이 '작가 최명희와 혼불을 사랑하는 사람들 모임'을 결성하기도 했다. 그러나 이런 것만으로는 《혼불》을 제대로 평가하고 대접하기에 부족한 감이 있다. 다만 강호 · 강모 등이 만주에서 본격 활동을 시작하고, 옹구네가 강실이를 납치하는 등 이야기가 더 펼쳐질 듯하다가 소설이 끝나는 것은 안타까운 일이다.

구수한 전라북도 사투리 구사 탁월

이 소설을 읽으면서 어릴 적 추억이 있는 시골 대가의 혼인 잔치, 정월 대보름 풍속 등을 떠올릴 수 있었고, 전북 사투리를 읽는 즐거움도 누릴 수 있었다. 특히 사투리 중에는 명확한 분절음이 아니어서 저걸 어떻게 써야 하나 난감한 말들이 많은데, 《혼불》은 좋은 본보기라

할 수 있다. '시잇, 참말로 시끄러 죽겄네. 쥐딩이 조께 오무리고 있드라고'라고 쓰기까지 작가는 어떻게 표기해야 할지 상당히 고심했을 것이다.

'호랭이 물어갈 놈, 아, 그렇게 두 손 놓고 간짓대같이 섰을라면, 멋헐라고 너보고 집 보라고 허겄냐야' 같은 말은 어릴적 어머니한테 혼날 때 듣던 말투 그대로다. '폭폭헝게 앙 그러요오, 폭폭헝게. 누구는 머 배가 아퍼서 매급시 해꼬지 허는 말인 중 아능게비. 아, 농사꾼이 소가 없어놓게 곰배팔이 도치질 허능 거이나 똑같제잉' 같은 표현은 어릴 적 아버지 친구분들이 하던 말 그대로다. 전라남도 사투리인 조정래의 《태백산맥》을 읽을 때와는 또 다른 맛이었다.

이 글은 《혼불》을 여뀌라는 야생화 관점에서 바라보았지만, 이는 《혼불》이라는 거대한 작품을 바라보는 수많은 관점 중 하나일 것이다. 이밖에도 우석대 김두규 교수는 풍수지리에 관한 소설 내용을 두고 "개안(開眼)한 풍수사들조차 감히 따를 수 없는 경지에 이르고 있다"라며 "어떻게 신세대에 속한다 할 수 있는 여류 작가가 풍수지리의 본질에 대해 그렇게 완벽하게 이해할 수 있을까 궁금할 정도"라고 말했다.

흰꽃여뀌
고마리
쪽
명아주

여뀌, 냇가에서 무리 지어 자라는 풀

ⓒ김태정   # 흰꽃여뀌

고마리

ⓒ김태정   # 쪽

명아주

여뀌는 마디풀과에 속하는 일년생 풀이다. 주로 습지나 시냇가에서 무리 지어 자라는데 키는 40~80센티미터 정도로, 6~9월 가지 끝에 이삭 모양의 붉은색 꽃이 달린다. 부레옥잠 등과 함께 수질을 정화하는 기능이 있다. 예전에 아이들은 여뀌를 짓찧어서 냇물에 풀었다. 그러면 물고기들이 맥을 못 추고 천천히 움직일 때 물고기를 빨리 건져 올리곤 했다. 김주영의 소설 《홍어》에도 짓이긴 여뀌를 개울에 풀어 붕어와 피라미들을 잡는 이야기가 나온다. 황대권은 《야생초 편지》에서 여뀌는 하나씩 떼어놓고 보면 참 예쁜 꽃이라고 했다. 그런데 워낙 무더기로 나니까 그저 귀찮은 풀처럼 보인다는 것이다. 잎을 씹으면 매운맛이 나 영어 이름은 'Water pepper'다. 개여뀌, 가시여뀌, 꽃여뀌, 기생여뀌 등 종류가 다양하다.

여뀌와 비슷하게 생긴 것으로 고마리와 쪽이 있다. 고마리는 잎이 마치 서양 방패 모양으로 생겨 쉽게 구분할 수 있고, 여뀌처럼 물을 정화하는 기능도 있다. 쪽은 잎을 쪽빛 물감을 들이는 원료로 사용하는 식물이다. 쪽과 여뀌를 구분하기는 쉽지 않은데, 꽃은 쪽이 여뀌보다 화려하고, 쪽은 잎이 주름져 약간 울퉁불퉁하지만 여뀌는 잎이 매끈하다. 그냥 자연 상태이면 여뀌로, 재배하는 것이라면 쪽으로 구분하는 것도 방법이다.

김훈 《칼의 노래》
전쟁 앞에 선 인간의 허무, 쑥부쟁이

> "
> 불타버린 대궐과 관청 자리에
> 쑥부쟁이가 뒤엉켰고 갓 죽은 송장들이
> 불탄 대궐 앞까지 가득 널렸다.
> "

  김훈의 소설 《칼의 노래》는 충무공 이순신의 생애를 허무와 싸우는 한 인간의 모습으로 그려낸 장편이다. 1597년(선조 30년) 4월 이순신이 모함을 받은 끝에 고문을 받고 백의종군하는 장면에서 시작해 다음 해 11월 노량해전에서 대승을 거두고 전사하기까지 과정을 담았다.
  소설은 이순신이 서울에서 풀려나 남해로 내려가는 장면으로 시작한다.

나는 정유년 4월 초하룻날 서울 의금부에서 풀려났다. …… 나는 장독으로 쑤시는 허리를 시골 아전들의 행랑방 구들에 지져 가며 남쪽으로 내려와 한 달 만에 순천 권률에 당도했다. 내 백의종군의 시작이었다. …… 남해로 내려오는 한 달 동안, (중략) 잡초가 올라와 지붕을 덮은 마을마다 백일홍은 흐드러지게 피었고, …… 이따금씩 쑥부쟁이 덩굴 밑에 엎드린 유령들이 내 말방울 소리에 놀라 머리를 내밀 때, 퀭한 두 눈에서 눈빛이 빛났다.

작가는 쑥부쟁이, 잡초를 통해 장기간 전쟁으로 말미암은 국토 황폐화를 표현하고, 흐드러지게 핀 백일홍을 통해 그럼에도 의연하게 계절을 반복하는 자연을 대비시키려 한 것 같다. 윗글에서 보듯 임진왜란으로 폐허로 변한 마을 모습이 쑥부쟁이와 잡초로 인해 더욱 선명하게 드러나고 있다.

다만 꽃에 대한 묘사에 몇 가지 오류가 있다. 쑥부쟁이는 초가을부터 피는 꽃이다. 꽃이 피지 않았어도 4월에는 덩굴 속에 사람이 들어가 있을 만큼 식물이 자라지 않는다.

백일홍은 초본(풀)과 목본(나무) 두 가지가 있다. 초본은 원예종인데 화단에서 흔히 볼 수 있는 꽃이다. 그런데 '흐드러지게'라는 표현으로 보아 목본인 배롱나무를 말하는 듯하나 이것도 7~9월에 핀다. 한여

쑥부쟁이 ⓒ김태정

름 내내 100일 동안 핀다고 해서 백일홍 나무라 부르다가 배롱나무로 굳어졌다. 그러므로 백일홍이 4월에 흐드러지게 피는 상황은 없다.

반면 소설 중간쯤에 다시 나오는 쑥부쟁이에 대한 묘사는 계절을 제대로 탔다.

계사년에 임금은 환도했다. 정월에 의주를 떠난 임금의 가마는 그해 10월 서울에 닿았다. 무악재를 넘자 모화관에서부터 백골이 무더기로 쌓여 있었다. 불타버린 대궐과 관청 자리에 쑥부쟁이가 뒤엉켰고 갓 죽은 송장들이 불탄 대궐 앞까지 가득 널렸다.

《칼의 노래》에는 옥수수에 관한 묘사도 자주 나온다. 예를 들어 '고하도 수영 둔전에 옥수수가 우거졌다. 옥수수의 긴 잎들이 해풍에 쏠리면서 썰물 소리로 서걱거렸다'라는 대목이 있다. 그러나 옥수수는 임진왜란 때 명나라 군사들이 식량으로 가져와 퍼진 것이다. 따라서 왜란 중에 남도의 섬에 옥수수 잎이 무성하기는 어려웠을 것이다. 명나라 군사 중 중국 강남 출신들이 가져온 것이라는 뜻으로 '강냉이'라는 말이 나왔다고 한다.

소설에 드러난 야생화 오류를 고민하게 만든 《칼의 노래》

나는 이런 야생화 오류에 대해 쓸지 오랫동안 고심했다. 문장 하나하나에 작가의 치열한 고민이 배어 있는데, 야생화에 대한 작은 실수를 들추어내는 것이 무슨 의미가 있을까 하는 생각 때문이었다.

작가는 이 소설 한 문장 한 문장을 고민해 썼다. 이 소설의 첫 문장은 잘 알려진 대로 '버려진 섬마다 꽃이 피었다'이다. 작가는 여러 강연에서 첫 문장을 '꽃은 피었다'로 할지, '꽃이 피었다'로 할지 고민에 고민을 거듭했다고 말했다. '꽃이'는 주어와 동사로 객관적 사실만을 전달하는 표현이고, '꽃은'은 꽃을 바라보는 자의 주관적인 감정을 제시하는 표현이기 때문이라는 것이다. 원래는 '꽃은 피었다'였는데, 고심 끝에 '은'을 '이'로 바꾸어 꽃이 핀 사실만을 객관적으로 진술했다고 했다.

작가는 이 소설을 쓰면서 장군의 칼을 보기 위해 아산 현충사에 여러 번 다녀왔고, 소설 《남한산성》을 쓰기 위해 남한산성에서 한 계절 '자전거를 타고 놀았다'라고 했다. 아내가 죽어가는 과정을 다룬 중편 〈화장〉을 쓸 때는 '온종일 의학서적을 뒤적여 겨우 한두 문장을 건지기도 했다'라는 작가의 고백을 들은 적도 있다.

감각에 대한 묘사도 인상적이다. 이순신이 노량해전에서 적탄을 맞고 의식이 흐려질 때 '어린 면의 젖냄새와 내 젊은 날 함경도 백두산 밑의 새벽안개 냄새와 죽은 여진의 몸냄새가 떠올랐다'라고 했다. 소설 앞부분에는 관기 여진이 이순신이 출옥했다는 소문을 듣고 찾아오는 장면이 있다. 그날 밤 '내가 출옥했기로 네가 어찌 왔느냐?'라고 묻자 여진은 고개를 돌리며 '전에, 제 몸을 편안해하시기에……'라고 말한다. 그다음에 '그날 밤, 나는 두 번째로 여진을 품었다. 다리 사이에서 지독한 젓국 냄새가 퍼져 나왔다. 그 여자의 입속은 달았고, 그 여자의 몸속은 평화로웠다'라는 대목이 있다.

작가의 다른 소설《현의 노래》에는 시녀 아라가 오줌을 눌 때 떡갈나무 마른 잎에 부딪히는 소리가 '불을 땔 때, 마른 삭정이가 타들어가는 소리와도 같았다'라는 묘사도 있다. 이처럼 치열한 작가가 쑥부쟁이와 배롱나무, 옥수수에 대한 관찰과 검증은 소홀히 한 것이다.

그런데 얼마 전 김훈 작가를 만날 기회가 있어서 쑥부쟁이와 옥수수 얘기를 꺼냈더니 작가는 "그 장면에는 쑥부쟁이가 꼭 나와야 하고, 옥수수잎이 서걱거려야 하는데 어떻게 하겠느냐"라고 반문했다. 그런 '반론'까지 넣으면 써도 괜찮겠다 싶었다. 문학에서 나오는 약간의 오류는 문학적 표현으로 간주하고 넘어가는 것도 괜찮을 것이다.

김훈(1948년생)은 1973년《한국일보》에 입사해 문학 담당 기자를 하다 1989년 사직했다. "1980년대를 지켜워하였기에 80년대가 끝나는 12월 31일, 아무런 대책도 없이" 퇴사했다는 것이 본인의 얘기다. 그리고《시사저널》,《국민일보》,《한겨레신문》등에 다니다 퇴사한 후 2000년《칼의 노래》를 탈고했다. 작가는 "《칼의 노래》를 쓸 때도 소설가가 되겠다는 의식보다는 밥을 벌어야 한다는 생각이 절박했다"고 말했다. 그는 2003년《밥벌이의 지겨움》이라는 자전적 에세이도 냈다.《칼의 노래》에도 '지나간 모든 끼니는 닥쳐올 단 한 끼 앞에서 무효였다'라는 구절이 있을 만큼 그는 끼니와 밥에 집착하고 있다. 병자

호란 치욕을 다룬 작가의 다른 소설 《남한산성》에도 '적들이 다가오지 않아 성첩이 고요한 날에도 군량은 똥이 되어 흩어지고 있었다'라는 놀라운 표현이 나온다.

그는 역사소설 《칼의 노래》, 《현의 노래》, 《남한산성》을 통해 전쟁과 죽음이라는 극단적 상황 앞에 선 인간의 허무를 남성적 문체로 그려냈다는 평을 받는다. 《공무도하》, 《내 젊은 날의 숲》 등 요즘 젊은이들의 이야기를 다룬 소설도 냈지만 역시 김훈 소설의 맛은 역사소설에 있는 것 같다. 최근 나온 조선 후기 천주교 탄압을 다룬 소설 《흑산》에서는 김훈 소설의 힘을 다시 느낄 수 있다. 《칼의 노래》는 2007년 100만 부를 돌파했다.

《칼의 노래》에서 주요 이미지로 쓰인 쑥부쟁이는 사람들이 흔히 들국화라고 부르는 꽃 중 하나다. 그러나 들국화는 가을에 피는 야생 국화류를 총칭하는 말이고, '들국화'라는 종은 따로 없다. 들국화라 부르는 것은 보라색 계열인 쑥부쟁이, 벌개미취, 구절초, 노란색인 산국과 감국을 가리키는 것이다. 쑥부쟁이, 벌개미취, 구절초는 처음 꽃에 관심을 가졌을 때 구분하는 데 많은 시행착오가 있었고, 산국과 감국은 지금도 헷갈린다. 아래 구분법을 읽고, 이제 가을에 들국화를 보면 가까이 다가가서 이름 맞추기를 한번 시도해보는 것은 어떨까.

쑥부쟁이 벌개미취 구절초 산국 감국

들국화라 부르는 꽃들의 실제 이름은?

쑥부쟁이

쑥부쟁이는 우리나라 산과 들에서 자라는 다년생 꽃이다. 연보라색 꽃잎에 암술과 수술이 있는 중앙부는 노란색이다. 가을에 꽃이 필 때 줄기가 쓰러지면서 어지럽게 피는 경우가 많아서 다른 들국화에 비해 좀 황량한 느낌을 준다.

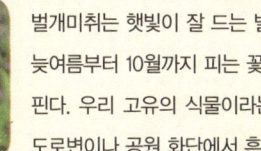
벌개미취

벌개미취는 햇빛이 잘 드는 벌판에서 자란다고 해서 벌개미취라 부른다. 늦여름부터 10월까지 피는 꽃인데, 쑥부쟁이와 비슷한 연한 보라색 꽃이 핀다. 우리 고유의 식물이라는 인식이 퍼지고, 공해에도 강해 최근에는 도로변이나 공원 화단에서 흔히 볼 수 있다.

구절초는 음력 9월 9일이면 줄기가 9마디라고 해서 구절초(九節草)라 부른다. 구절초는 흰색이 많지만, 종이 뒤섞이면서 분홍색을 띠는 것도 적지 않다.

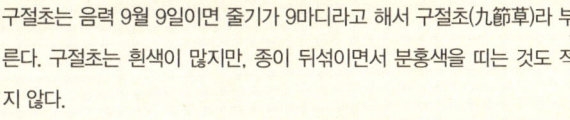
구절초

내가 파악한 세 가지 구분 방법은 이렇다. 일단 벌개미취와 쑥부쟁이는 연보라색이지만, 구절초는 흰색과 연분홍색이라 구분이 가능하다. 구절초는 잎 자체가 벌개미취, 쑥부쟁이와 달리 쑥처럼 갈라져 있어서 상대적으로 구별하게 쉽다. 그다음 벌개미취와 쑥부쟁이 구분법. 벌개미취는 잎이 길고 잎 가장자리에 '잔 톱니'가 있어 거의 매끄럽게 보이지만, 쑥부쟁이는 대체로 작은 잎에 굵은 톱니를 갖고 있다.

산국

들국화라 부르는 것 중에는 노란색인 산국과 감국도 있다. 이 둘도 구분하기 쉽지 않은데, 구분 기준은 크기다. 작은 노란 꽃이면 산국, 좀 큰 노란색이면 감국인데, 기준점은 2센티미터다. 꽃이 2센티미터보다 작으면 산국, 크면 감국이다. 감국은 작은 감 크기라고 생각하면 기억하기 쉽다. 꽃잎에 단맛이 있어서 감국(甘菊)이라 부른다.

ⓒ김태정   # 감국

박완서 《아주 오래된 농담》
화려한 팜프파탈의 꽃, 능소화

> "
> 흐드러진 능소화가 무수한 분홍빛 혀가 되어
> 그의 몸 도처에
> 사정없이 끈끈한 도장을 찍으면……
> "

박완서(1931~2011)는 굳이 소개가 필요없는 우리나라 대표 작가다. 1970년 박수근 화백을 모델로 삼은 장편 《나목(裸木)》으로 등단한 이후, 40여 년 동안 《휘청거리는 오후》, 《그해 겨울은 따뜻했네》, 《그 산이 정말 거기 있었을까》, 《그 남자네 집》 등 수많은 소설로 독자들의 사랑을 받았다.

1992년 내놓은 《그 많던 싱아는 누가 다 먹었을까》는 100만 부 넘게 팔렸고, 2007년 77세에 내놓은 소설집 《친절한 복희씨》도 30만

부 넘게 찍었다. 술술 읽히는 편안한 문장이지만 그 편안함 속에 사람들의 허위의식을 찌르는 날카로움이 있는 것이 박완서 문학의 특징이다. 그래서 박완서를 타고난 이야기꾼이라고 한다. 2011년 1월 22일, 담낭암 투병 중 별세했다.

그의 소설은 크게 한국전쟁과 분단의 아픔을 다룬 작품들과 자본주의를 살아가는 사람들의 일상을 세심하게 관찰해 그 이면에 숨겨진 진실까지 드러내는 작품들로 나눌 수 있다. 이 글에서 소개할 《아주 오래된 농담》은 후자에 속하는 작품이다.

무수한 분홍색 혀, 활활 타오르는 불꽃

능소화가 어떤 꽃인지 모르고 박완서 소설 《아주 오래된 농담》을 읽었다면 좀 답답할 수 있다. 소설 처음부터 능소화가 아주 강렬한 이미지로 나오기 때문이다.

소설의 주인공 심영빈은 40대 중반의 성공한 의사다. 그의 여동생 영묘는 대기업 회장의 장남과 결혼했다. 심영빈이 30여 년 만에 초등학교 동창 유현금을 만나 바람을 피우는 것이 이 소설의 기본 뼈대이고, 여기에 여동생 영묘가 재벌가의 맏며느리로 시집간 후 남편과 사별하기까지의 과정, 딸만 둘을 둔 스트레스로 남편 몰래 태아를 지워가면서 마침내 아들을 낳는 아내의 이야기 등이 교차하고 있다.

능소화

어린 시절 하굣길에 현금은 느닷없이 공부 잘하는 영빈과 친구 한광을 가로막고 이렇게 말한다.

> 느네들 둘다 의사 될 거라면서? 잘났어. 난 훌륭하고 돈도 많이 버는 의사하고 결혼할 건데. 약 오르지롱. 메롱, 하고는 분홍색 혀를 날름 드러내보이곤 나풀나풀 멀어져갔다. 영빈은 그녀의 분홍색 혀가 그의 맨몸 곳곳에 도장을 찍고 스쳐간 것 같은 전율을 느꼈다. 생전 처음 느껴보는 고통스럽고도 감미로운 떨림이었다.

여기서 분홍색 혀는 능소화 꽃과 같다. 이 말을 들은 두 사람은 이후 현금을 잊지 못한다. 현금은 이층집에 살았는데, 여름이면 이층 베란다를 받치고 있는 기둥을 타고 능소화가 극성맞게 기어 올라가 난간을 온통 노을 빛깔로 뒤덮었다. '그 꽃은 지나치게 대담하고, 눈부시게 요염하여 쨍쨍한 여름날에 그 집 앞을 지날 때는 괜히 슬퍼지려고 했다.'

> 그 무렵 그(영빈)는 곧잘 능소화를 타고 이층집 베란다로 기어오르는 꿈을 꾸었다. 꿈속의 창문은 검고 깊은 심연이었다. 꿈

속에서도 그는 심연에 도달하지 못했다. 흐드러진 능소화가 무수한 분홍빛 혀가 되어 그의 몸 도처에 사정없이 끈끈한 도장을 찍으면 그는 그만 전신이 뿌리째 흔들리는 아릇한 쾌감으로 줄기를 놓치고 밑으로 추락하면서 깨어났다.

현금도 어린 시절을 회상하면서 능소화에 대해 이런 얘기를 하는 대목이 나온다.

"능소화가 만발했을 때 베란다에 서면 마치 내가 마녀가 된 것 같았어. 발밑에서 장작더미가 활활 타오르면서 불꽃이 온몸을 핥는 것 같아서 황홀해지곤 했지."

박완서의 능소화에 대한 묘사는 참 화려하기 이를 데 없다. 무수한 분홍빛 혀가 되기도 하고, 장작더미에서 활활 타오르는 불꽃이 되기도 한다. 이처럼 이 소설에서 능소화는 여주인공 현금처럼 '팜므파탈' 이미지를 갖는 화려한 꽃으로 등장하고 있다.

능소화가 '기생꽃'이라는 별칭도 가진 것을 보면 사람들이 보는 느낌은 비슷한 모양이다. 기생꽃이라는 이름은 능소화가 늘 화려한 자태로 요염함을 자랑하며 마지막까지 그 모습 그대로 떨어지기 때문에 생긴 이름일 것이다. 능소화는 꽃이 질 때 시들지 않고 싱싱한 상태에서 송이째 뚝뚝 떨어지는 특징이 있다. 물론 능소화가 저녁노을 같은 파스텔톤 연한 주황색을 가진 데 주목해 요염함보다는 차분한 느낌을 준다는 사람들도 있다.

양반집에서 많이 심은 '어사화'

능소화에는 임금을 그리워하다 죽은 궁녀에 대한 슬픈 사연이 전해지고 있다. 옛날에 '소화'라는 어여쁜 궁녀가 있었는데, 임금의 눈에 띄어 하룻밤 성은을 입었다. 그러나 어찌 된 일인지 임금은 그 이후로 궁녀의 처소에 한 번도 찾아오지 않았다. 궁녀는 담장을 서성이며 발걸음 소리라도 나지 않을까, 그림자라도 비치지 않을까 안타깝게 기다렸지만, 임금은 오지 않았다. 궁녀는 지쳐서 시름시름 앓다가 세상을 떠났는데, '담장 가에 묻혀 임금님을 기다리겠노라'라는 유언을 남겼다. 궁녀를 묻은 다음, 담장 가에서 조금이라도 더 멀리 밖을 보려고 높게, 발걸음 소리를 들으려고 꽃잎을 넓게 벌린 꽃이 피었고, 사람들은 그것을 '소화'라는 이름을 따서 '능소화'라고 불렀다는 이야기다.

능소화는 흔히 양반집에서 심었기 때문에 '양반화'라고도 불렸다. 지금도 여름에 전통적인 양반 동네인 서울 북촌에 가면 이 집 저 집에 만발한 능소화를 흔히 볼 수 있다. 평민 집에서 능소화를 심으면 관아에 불려 가 곤장을 맞았다는 얘기도 있다. 박경리의 《토지》에서도 능소화가 최참판 댁의 상징으로 나온다. '환이 눈앞에 별안간 능소화 꽃

능소화

이 떠오른다. 능소화가 피어 있는 최참판 댁 담장이 떠오른다'라는 대목이 있다. 능소화는 문과에 장원급제를 한 사람이 귀향길에 오를 때 머리의 관에 꽂던 꽃이기도 해 '어사화'라고도 부른다.

야생화 공부를 시작하고 얼마 지나지 않아 능소화를 알았을 때 그 연한 주황색 색깔과 자태가 너무 좋았다. 그래서 4월 어느 날 고향에 내려가는 길에 나무시장에서 능소화 한 그루를 사서 고향 집 베란다 기둥에 심었다. 능소화는 금세 베란다까지 가지를 뻗었지만, 그해 꽃을 피우진 않았다. 아버지는 아들이 심은 나무라고 정성스럽게 가꾸셨다. 가끔 우리 딸이 현금이처럼 이층 베란다에서 활짝 핀 능소화 무리를 바라보는 장면을 상상하기도 했다. 다음 해 여름에는 화려한 능소화를 볼 수 있겠거니 기대가 컸는데, 어느 날 집에 내려가보니 나무가 흔적도 없이 사라지고 없었다. 친척 한 분이 '능소화를 집 안에서 키우면 좋지 않다'라고 얘기하자 아버지가 바로 나무를 뽑아냈다는 것이다. 허탈했지만 이미 뽑아 없앤 나무를 어떻게 할 수 없었다.

'능소화를 집 안에서 키우면 좋지 않다'라는 말은 능소화 꽃가루에 독성이 있어서 눈에 들어가면 좋지 않다는 속설 때문에 나온 것이다. 그러나 능소화 꽃가루 때문에 시력을 잃을 위험은 거의 없다는 것이 전문가들의 공통적인 지적이다. 수백 년 동안 별문제 없이 집 안팎에서 자라고 꽃을 피운 것이 그 증거일 것이다.

게다가 최근에는 우리 주변에서도 쉽게 능소화를 볼 수 있다. 경부고속도로, 올림픽도로의 방음벽이나 방벽을 타고 올라가며 여름에 주황색 꽃을 피우는 식물이 바로 능소화다. 서울 남부터미널 외벽에도 수십 그루의 능소화를 심어 여름에는 연주황색 능소화 군락을 이루고, 한남동 국회의장 공관에도 고목을 타고 오르는 멋진 능소화가 있어서 사진 촬영 배경으로 쓰이고 있다. 요즘 길거리에서 흔히 볼 수 있어서 잘 모르는 사람도 꽃 이름을 알면 "아, 이게 능소화야?"라는 말이 절로 나올 것이다.

한 가지 아쉬운 점은 미국능소화가 점차 늘어나고 있다는 점이다. 우리 아파트 단지 방음벽에도 능소화를 심었는데, 꽃이 핀 것을 보니 미국능소화였다. 미국능소화는 꽃이 새빨갛고 꽃통도 훨씬 길쭉하다. 마치 값싼 붉은 립스틱을 잔뜩 바른 여자 같다. 그에 비해 우리 능소화는 색깔도 연하면서 더 곱고 꽃 모양도 균형이 잘 맞아 더 예쁘다. 기왕 심을 거면 미국능소화가 아닌 우리 능소화를 심으면 좋겠다.

능소화

능소화

밤을 능가할 정도로 환한 꽃

능소화(凌宵花)는 중국이 원산인 낙엽 덩굴나무이다.

능소화라는 꽃 이름이 생긴 것은 여러 가지 해석이 있으나, '밤을 능가할 정도로 꽃이 환하다'라는 뜻으로 붙인 이름이라는 설명이 가장 타당한 것 같다. 흡착근을 가지고 있어서 고목, 담장이나 벽을 잘 타고 10미터까지 올라간다. 나무껍질은 회갈색으로 길이 방향으로 잘 벗겨져 줄기가 좀 지저분해 보인다. 꽃은 장마철인 7~9월에 핀다. 꽃잎이 동백꽃처럼 송이째 뚝뚝 떨어진다. 우리 동네 주택가 한 집도 능소화를 키우는데, 한여름 그 집 담장 밑에는 핀 꽃보다 많은, 떨어진 능소화 꽃잎들이 주황색 바다를 이룬다.

담장이나 벽을 타고 올라가는 능소화도 괜찮지만, 고목을 타고 올라가는 능소화가 능소화다운 것 같다.

김주영 《홍어》
순응 거부하는 파릇파릇한 기운, 씀바귀

> "
> 밭두렁의 눈 속을 헤집고
> 캐내었을 씀바귀들은 파릇파릇한 기운을
> 아직도 그대로 간직하고 있었다.
> "

　김주영의 자전적 성장소설 《홍어》에는 많은 상징이 등장하는데, 대표적인 것이 '홍어'와 '씀바귀'다.

　소설의 배경은 1960년대 태백산 남쪽 끝자락에 자리 잡은 마을이다. 작가의 고향인 경북 청송의 산골 마을과 비슷한 곳이다. 바람둥이 아버지는 집을 나가 6년째 소식이 없고, 어머니는 그 아버지를 기다리며 삯바느질로 살아간다. 그런데 폭설이 내린 겨울 어느 날, 이 집에 비렁뱅이 처녀 삼례가 갑작스럽게 찾아들어 함께 살게 된다.

남의 눈을 의식하며 은둔 생활을 하는 어머니와 달리, 삼례는 자유롭게 바깥세상을 넘나든다. 삼례는 '바람이 불면 부는 대로 흔들리는 듯하면서도 마음속의 꿈을 놓치지 않는 야생화 같은 여자'였다. 눈 속을 헤집고 씀바귀 뿌리를 찾아내는 재주도 있었다. 이런 삼례는 어린 소년의 마음을 설레게 하지만, 어느 날 갑자기 부엌 문설주에 씀바귀를 걸어두고 떠나버린다. 그 자리는 평소 어머니가 홍어를 걸어둔 곳이었다. 그 대목은 다음과 같다.

> 홍어포가 걸려 있었던 부엌 문설주에는 반 아름이나 될까 말까 한 씀바귀 한 묶음이 대롱대롱 매달려 있었다. 밭두렁의 눈 속을 헤집고 캐내었을 씀바귀들은 파릇파릇한 기운을 아직도 그대로 간직하고 있었다. 어머니의 시선은 문설주에 걸린 채 흩이질 줄 몰랐다. 바느질로 밤새우기를 일삼았던 어머니는 간혹 씀바귀 뿌리를 씹곤 하였다. 그 뿌리에서 배어나는 하얀색의 즙에는 잠을 쫓아주는 묘약이 들어 있기 때문이었다.

삼례는 얼마 후 술집 기생이 되어 읍내로 돌아온다. 어머니는 삼례를 찾아가 돈을 쥐여주며 먼 도시로 떠나라고 한다. 그 돈은 남편이 있는 곳을 알면 찾아가려고 모아둔 것이었다. 어머니는 "(그 돈을 주고 나니) 마음이 하늘을 날아갈 듯이 홀가분해져뿌렀다"라고 고백한다. 어머니 마음이 홀가분해진 이유는 무엇일까. 아버지 찾는 것을 포기한 것일까. 어머니는 "나도 삼례를 따라 떠나고 싶었데이. 몸은 개천에 빠져 있는데, 마음은 항상 구름과 같이 떠다녔제"라며 집을 떠나고 싶은 욕망을 드러낸다.

이즈음 한 여인이 아버지가 밖에서 낳은 아이를 집에 떨구고 떠나자 어머니는 정성껏 키운다.

드디어 아버지가 6년 만에 돌아온다. 아버지가 돌아오는 날 풍경은 다음과 같다.

> 우리 세 사람이 집에 도착했을 때, 나는 어머니의 한 손에 씀바귀 한 줌이 들려 있는 것을 발견했다. 밭두렁 눈 틈에 파릇파릇하게 돋아난 것을 뜯어 얼음물에 헹구어 날로 먹던 씀바귀. 어머니는 우리 두 사람 뒤를 따라오면서 밭두렁을 만나면 씀바귀를 뜯었던 모양이었다.

어머니는 아버지에게 큰절하고, 따뜻한 밥을 지어 공손히 올린다. 그런데 여기서 큰 반전이 있다. 그다음 날 아침, 어머니가 삼례 주소를 갖고 집을 떠난 것이다. 6년 동안 묵묵히 남편을 기다리고, 돌아온 아

씀바귀

버지에게 다소곳이 절을 올릴 정도로 가부장적 질서에 순응해온 어머니가 새로운 인생을 찾아 가출한 것이다. 어머니가 아버지가 돌아오는 날, 씀바귀를 캐온 것은 가출을 암시한 복선이라 할 수 있다.

씀바귀, 가부장적 질서에 대한 거부를 상징

소설《홍어》에는 많은 상징이 등장하지만, 굳이 문학평론가들의 해설을 듣지 않더라도 그 의미를 충분히 이해할 수 있게 잘 드러나 있다. 홍어가 아버지와 남성중심주의를 상징하고 있다면, 씀바귀는 가부장적 질서에서 벗어남을 상징하고 있다. 삼례가 씀바귀를 걸어둔 것은 바람둥이 남편을 기다리는 어머니를 비판하면서 그 질서에서 벗어나라고 권하는 것으로 해석할 수 있다. 군이 복잡하게 이 같은 상징들을 의식하지 않더라도 읽는 재미와 감동은 그대로일 것이다. 이 소설에는 씀바귀 외에도 '가녀린 꽃다지와 꽃잎이 동글동글한 피나물', '눈 속에서도 꽃잎을 피우는 괭이눈'도 나온다.

이 소설은 겨울 눈이 덮인 산골 마을이 배경이라 한 편의 수묵화 같다. 또 맛깔스러운 표현이 많아 글맛이 무엇인지 느끼게 해준다. 알맞은 긴장감도 있어서 술술 잘 읽힌다. 그냥 한 문장, 한 문장 꾹꾹 눌러 쓴 아름다운 글과 겨울 풍경을 읽는 것만으로도 충분히 가치 있는 소설이라는 생각이 든다. 2001년 한국방송(KBS)이 〈TV문학관〉 드라마로 제작해 방영했다.

작가 김주영(1939년생)은 서라벌예대 문예창작과를 졸업하고 1971년 작품활동을 시작했다. 그의 대표작은 뭐니뭐니 해도 대하소설 《객주》다. 1979년부터 5년간 《서울신문》에 연재한 《객주》는 정의감과 의협심이 강한 보부상 천봉삼을 주인공으로 구한말 보부상들의 삶과 활약상을 그려낸 작품이다. 이 과정에서 자연스럽게 경상도 일대를 중심으로 근대 상업자본의 형성 과정이 그려졌고, 민중의 생명력·정겨운 우리 옛말들이 소설 속에 생생히 살아났다는 평가를 받는다. 《객주》 외에도 《활빈도》, 《화척》 등의 대하 역사소설과 《홍어》, 《고기잡이는 갈대를 꺾지 않는다》 등의 가족·성장소설을 냈다.

김주영에게는 '길 위의 작가'라는 수식어가 따라다닌다. 끊임없이 전국 장터 등 현장을 찾아다니며 민초들의 삶을 경험하기 때문에 붙여진 것이다. 그는 2012년 어머니의 삶을 100퍼센트 그대로 옮겨놓은 소설 《잘 가요 엄마》를 냈다. 작가는 2년 전에 어머니의 부음을 주위에 알리지 않고 조용히 장례를 치렀다. "내가 죽더라도 주변에 알리지 말고 화장해달라"라는 어머니의 간곡한 유언 때문이었다. 아마도 《홍어》에 나오는 그 어머니일 것이다.

풀꽃 이름 알면 알수록 환해지는 세상

씀바귀는 나에게 처음 야생화에 관심을 갖게 한 꽃이라 기억에 남는 꽃이다.

2003년 봄인 것 같다. 예닐곱 살 먹은 큰딸은 아파트 공터에 핀 노란 꽃들을 가리키며 "아빠, 이게 무슨 꽃이야?"라고 물었다. 연두색 잎에서 올라온 꽃대에 앙증맞은 노란 꽃들이 봄바람에 살랑거리고 있었다. 나는 그것이 무슨 꽃인지 알 길이 없었다. 나는 "나중에 알려주마"라고 얼버무리며 넘어갔다. 그러나 호기심이 많은 딸은 그 후에도 계속해서 같은 질문을 했다. 그만큼 길거리에 흔하고 눈에 잘 띄는 꽃이기도 했다. 어쩔 수 없이 《야생화 쉽게 찾기》를 시작으로 꽃에 관한 책들을 사서 공부하기 시작했다. 나중에 알고 보니 그 꽃은 씀바귀였다.

그즈음 황대권이 쓴 《야생초 편지》도 읽었다. 산과 들, 길거리에 흔한 명아주, 질경이, 쇠비름, 비름, 땅빈대, 괭이밥, 까마중, 며느리밑씻개, 달개비 등을 감옥 생활 에피소드와 함께 소개한 책이다. 우리 주변에 흔한 풀과 꽃에 대해 관심을 갖게 하는 데 이 책만큼 좋은 책이 없는 것 같다.

그렇게 시작한 꽃 공부는 하면 할수록 재미가 붙었다. 씀바귀를 시작으로 야생화 등 식물을 하나씩 알아가면서 새로운 세계를 경험했다.

세상에 동물과 식물이 있다면 절반 이상은 식물이다. 풀꽃 이름을 알면 알수록 그만큼 세상이 환해졌다고 말하면 좀 과장일까. 아는 만큼 보인다고, 풀꽃 이름을 알면서 지나가는 것과 모르면서 지나가는 것은 분명 차이가 있을 것이다. 풀꽃 공부는 괜찮은 취미인 것 같다.

씀바귀 고들빼기

씀바귀는 검은 꽃술, 고들빼기는 전체가 노란 꽃

씀바귀

고들빼기

씀바귀는 5~6월에 들이나 산은 물론, 아파트 공터, 길거리 등에서 흔히 볼 수 있는 꽃이다. 이름에서 짐작할 수 있듯이 쓴맛이 있으나 이른 봄에 뿌리와 어린 순을 나물로 먹는다. 씀바귀는 첫맛은 쓴맛이지만 오래 씹으면 단맛이 난다. 줄기와 잎을 뜯으면 흰즙(유액)이 나오는 것이 씀바귀의 특징이다. 애기똥풀은 노란색, 피나물은 빨간색 유액이 나오는 것과 대조적이다.

씀바귀는 김치를 담가 먹는 고들빼기와 비슷하다. 자라는 시기와 장소는 물론 생김새도 비슷하다. 그러나 고들빼기는 잎이 둥글게 줄기를 감싸고 있는 점이 씀바귀와 다르다. 또 고들빼기의 꽃은 꽃술과 꽃잎 모두 노란색이지만, 씀바귀는 꽃잎은 노란색, 꽃술은 검은색인 점도 다르다. 그냥 씀바귀 말고도 잎이 계란 모양인 좀씀바귀, 흰 꽃이 피는 흰씀바귀, 흰 꽃이 피지만 줄기가 곧게 선 선씀바귀, 뿌리줄기가 옆으로 벋는 벋음씀바귀, 벌판에서 자라고 잎이 화살촉 모양으로 뾰족한 벌씀바귀 등이 있다는 것도 알아두면 좋을 것이다.

이문열 《선택》
백 일 동안 붉게 피는 꽃, 배롱나무

> "
> 이미 꽃도 잎도 지고 가지만 남은
> 아름드리 자미수가 묘한 뒤틀림으로
> 저무는 가을 햇살을 받고 있었다.
> "

어릴 적 고향 마을 왼편 양지바른 언덕에는 열녀문이 있었다. 한가운데 비석이 있고 빙 둘러 기와를 얹은 담장이 있었다. 조선 시대 철종 때 동네에 한 과부가 살았는데, 한밤중에 보쌈을 당하자 자결함으로써 정절을 지켰다. 이를 기리기 위해 자결한 곳에 세운 것이라고 들었다.

그곳은 '자결'이라는 말 때문인지 좀 <u>으스스</u>한 분위기였다. 그러나 놀 만한 곳이 마땅치 않아 우리는 가끔 그곳에 들어가 놀았다. 늘 커다란 자물쇠로 잠가놓았지만, 우리는 담장을 넘어가 뛰어놀곤 했다. 어른들은 그것을 볼 때마다 "이놈들, 들어가 노는 곳이 아니다", "기왓장 무너진다"라고 야단을 쳤다. 그러면 우리는 슬그머니 나왔다가 어른들이 사라지면 다시 들어가 놀곤 했다.

그곳은 담장 가를 따라 배롱나무를 심어놓아 한여름 내내 붉은 꽃이 피었다. 그래서 내게 배롱나무는 고풍스러운 분위기와 함께 어쩐지 처연한 느낌을 주는 나무라는 인상이 남아 있다. 그러나 요즘은 배롱나무를 집 정원이나 건물 화단에도 많이 심고 도심 가로수로도 심는다.

이문열의 장편소설 《선택》에서는 배롱나무가 작품 전체를 관통하는 이미지의 나무로 나온다.

> 그런데 중문을 들어설 때쯤이었을까, 그 총중에도 무언가 날카로운 빛살처럼 내 눈을 찔러왔다. 움찔하며 곁눈으로 가만히 살피니 안마당 서쪽 모퉁이에 서 있는 한 그루 자미수(紫薇樹·백일홍나무)였다. 이미 꽃도 잎도 지고 가지만 남은 아름드리 자미수가 묘한 뒤틀림으로 저무는 가을 햇살을 받고 있었다.
>
> 갓 신행 온 새색시의 눈길을 먼저 끄는 것은 여러 가지일 수가 있다. 어쩌면 이제부터 함께 살게 될 시집 사람들을 미리 살펴

배롱나무꽃

두는 게 새댁에게는 더 급할 것이고, 그 안에 살게 될 시집의 가옥 구조도 마당 한구석에 선 나무보다는 미리 살펴두는 게 나을지 모른다. 또 나무라고 해도 내가 가마를 내린 바깥마당에는 그 자미수보다 훨씬 굵은 공손수(公孫樹·은행나무)가 있었고, 사랑채 뒤곁으로는 대숲이 있었으며 사당 앞으로는 키 큰 회화(檜花)나무도 있었다. 그런데 하필이면 그 자미수가 그토록 강한 인상으로 내 눈길을 끈 까닭은 무엇이었을까.

소설의 주인공인 정부인(貞夫人) 안동 장 씨가 영해부(寧海府) 나라골(지금의 경북 영덕군 인량리 전통마을) 시댁에 처음 도착하는 장면이다. 부인은 "인제 와서 돌이켜보면 그것은 단순한 우연이라기보다는 뒷날의 내 삶과 연관된 어떤 신비한 끌림이었던 것 같다"라며 "자미화(紫薇花·백일홍)는 바로 시가인 재령 이씨들의 꽃이었기 때문"이라고 회고했다. '재령 이씨들이 자미화를 가문의 꽃으로 귀히 여기고 어디로 가든지 그들이 가는 곳에는 그 나무를 심었다'라는 것이다. 작가는 배롱나무와 장씨 시댁에 얽힌 사연을 5~6페이지에 걸쳐 자세히 소개하고 있다.

재령 이씨 가문의 꽃, 배롱나무

위 대목은 소설에 나오는 그대로 쓴 것인데, 용어를 좀 정리할 필요가 있겠다. 위에서 자미수라고 쓴 나무는 '백일홍나무'라 부르기도 하지만 표준어로는 '배롱나무'다. 배롱나무는 7월부터 약 100일간 꽃이 핀다고 해서 '백일홍(百日紅)나무'라고 부르다가 발음을 빨리하면서 배롱나무로 굳어졌다. '백일홍'이라는 초본식물이 따로 있기 때문에 배롱나무를 그냥 백일홍이라 부르면 맞지 않다. 배롱나무의 중국 이름은 자미화(紫薇花)다.

이 소설은 실존 인물인 장계향(1598~1680)이 주인공이다. 장 씨는 조선 시대 사대부가의 전형적인 삶을 산 여인이다. 선조 31년 경북 안동에서 태어나 열아홉 살에 부친의 제자인 이시명에게 시집갔으며 숙종 6년 83세로 타계했다.

소설에서 장 씨는 학문에 뜻을 세웠다가 나중에는 "아내로서 이 세상을 유지하고 어머니로서 보다 나은 다음 세상을 준비하는 것보다 더 크고 아름다운 일이 어디 있겠는가"라고 생각하면서 평범한 여인으로 돌아간다.

그는 남편을 잘 받들고 자녀를 훌륭하게 키운 전형적인 현모양처였다. 시문과 서·화에 능했을 뿐만 아니라 아들 여럿을 역사에 이름이 남는 학자로 키웠다. 특히 셋째 아들 이현일이 이조판서에 오르면서 '정부인' 교지를 받았다. 가문의 꽃 배롱나무가 한여름 만개하듯이 자손들을, 가문을 화려하게 꽃피워낸 것이다. 율곡의 어머니 신사임당과 여러모로 닮은꼴이다. 반면 최문희 소설 《난설헌》의 주인공 허난설헌의 삶과는 대조적이다. 허난설헌은 뛰어난 여류 시인이었지만, 여성의 활동을 인정하지 않는 시어머니, 무능하고 통이 좁은 남편 사이에서 재능을 꽃피우지 못하고 스물일곱의 나이에 스러져갔다.

소설 《선택》은 이 같은 장 씨의 태어나서 사망할 때까지의 행적을 소개하고 있다. 장 씨는 작가 이문열의 직계 조상이기도 하다. 정부는 장 씨를 1999년 11월 '이달의 문화인물'로 선정했다.

'반페미니즘' 소설이라는 비판 받아

이 소설이 유명해진 것은 이른바 '페미니즘 논쟁' 때문이었다.

1996년 계간 《세계의문학》 가을호에 첫 회를 발표하자마자 장 씨의 입을 통해 당시 페미니즘 운동을 공격했다는 이유로 '반페미니즘' 소설이라는 비판을 받은 것이다.

작가는 이 책에서 "이혼은 '절반의 성공'쯤으로 정의되고 간음은 '황홀한 반란'으로 미화된다. 그리고 자못 비장하게 '무소의 뿔처럼 혼자서 가라'고 외친다"라고 썼다. 《절반의 실패》와 《황홀한 반란》은 이경자, 《무소의 뿔처럼 혼자서 가라》는 공지영의 소설로, 이른바 당시 '페미니즘 문학'을 대표한다는 소설들이었다. 한국여성단체연합은 1998년 '여성 권익 걸림돌'로 이문열을 선정했다. 작가가 《선택》을 통해 가족과 가정에 대한 여성들의 조건 없는 희생을 미덕으로 미화하고 여성의 사회적 진출은 곧 가정을 망치는 행위로 몰아갔다는 이유였다.

이에 대해 이문열은 '작가의 말'에서 "이 작품의 각 부 앞머리에는 틀림없이 페미니즘 비판으로 읽을 만한 구절들이 들어 있다. 그러나 선입견 없이 읽어보면 거기서 비판하는 것은 저속하게 이해되고 천박하게 추구되는 페미니즘임을 알 것"이라고 말했다. 자신이 비판한 것은 '천박한 페미니즘'이지 일반적인 페미니즘이 아니라는 것이다.

이 책은 사건이 따로 없이 글을 전개해 읽기가 수월하지 않다. 발단-전개-위기-절정-결말이라는 소설의 전형적인 형식도 따라가지 않는다. 더구나 옛 어투와 용어가 많은 의고체 문장이라 더욱 읽기가 더디다. 그렇지만 전편에 흐르는 배롱나무 향기를 맡으며 이문열 특유의 문학 세계에 빠져보는 것도 괜찮을 것이다.

이문열(1948년생)은 굳이 소개가 필요없는, 명실상부한 대한민국 최고의 '스타 작가'다. 숱한 베스트셀러를 내서 1980년대에 가장 많은 독자를 확보한 작가로 꼽히고 있다. 그의 작품은 《우리들의 일그러진 영웅》과 같이 부조리한 사회 현실을 고발하는 작품들과 《젊은 날의 초상》, 《그대 다시는 고향에 가지 못하리》, 《영웅시대》 등처럼 작가의 자전적 경험을 바탕으로 삶의 문제에 대한 실존적 고민을 다룬 작품들이 있다. 《사람의 아들》, 《영웅시대》, 《구로 아리랑》 등은 대학 다닐 때 밤새워 읽던 소설들이다.

근래 들어서 그는 보수를 대표하는 발언과 활동도 많이 하고 있다. 최근 인터뷰에서 그는 "일반 국민은 보수와 진보가 50대 50인데 문화 쪽은 진보가 거의 98퍼센트까지 장악하고 있다"라며 "나는 보수와 진보 양쪽의 극단에 서 있는 자들을 경계하는 것"이라고 말했다.

배롱나무 배롱나무꽃

꽃잎과 수술이 팝콘처럼 튀어나온 배롱나무꽃

배롱나무꽃

배롱나무꽃을 자세히 보면 꽃잎과 수술이 팝콘이 터진 것처럼 튀어나와 있다. 꽃망울에서 여섯 개의 꽃잎과 30~40개의 노란 수술, 한 개의 암술이 튀어나와 있는 것이다. 꽃잎에는 주름이 많다.

꽃 하나하나가 실제로 100일을 가는 것은 아니다. 작은 꽃들이 연속해서 피어나기 때문에 사람들이 계속 피는 것으로 착각하는 것이다.

배롱나무는 옛부터 청렴을 상징하는 나무라고 해서 서원과 서당 등에 많이 심었다. 선비들이 나무를 보며 청렴 의지를 다질 수 있도록 한 것이다. 서애 유성룡 선생을 모신 경북 안동 병산서원 주변 전체가 여름이면 배롱나무꽃으로 붉게 물드는 것이 대표적인 예다. 절 앞마당이나 무덤 옆에도 많이 심었다.

배롱나무

배롱나무는 수피도 유별나게 생겼다. 얇은 조각이 떨어지면서 반질반질한 피부가 드러나는 것이다. 이 나무 표피를 긁으면 간지럼 타듯 나무가 흔들린다고 해서 '간지럼 나무'라고도 부른다. 배롱나무는 정말 간지럼을 타는 것일까. 실제로는 조금만 바람이 불어도 배롱나무가 흔들리는데, 사람이 간지럼을 태우기 위해 나무에 다가갈 때 이는 바람에 나무가 흔들리기 때문이라는 설명이다. 또 나무 표면이 아주 매끈해 원숭이도 미끄러진다고 하여 일본에서는 '원숭이 미끄럼나무'라고 부른다.

정유정 《7년의 밤》
파괴된 곳의 불길함, 가시박

> "
> 가시박덩굴이 그 넓은 숲을 다 덮어버렸으니까.
> 사람이 들어가려면 낫을 들고 쳐내야 할 정도요.
> "

　정유정의 장편 《7년의 밤》은 음침하고 스산한 소설이다. 심야에 한 소녀를 차로 치고 우발적으로 호수에 버린 다음 점차 미쳐가는 사내, 그리고 그 사내의 아들에게 복수를 가하는 피해자 아버지의 숨 막히는 대결을 그린 이 소설은 시종 으스스한 분위기를 풍기고 있다.

　이 분위기를 자아내는 데 쓰인 장치가 세령호의 안개와 함께 '가시박'이라는 식물이다. 최근 들어온 외래종으로 생태계 교란식물인 가시박은 '녹색 저승사자'다. 자라면서 주변 식물들을 덮어버려 말려 죽이기 때문에 가시박이 있는 곳은 황폐하고 음산한 느낌이 들 수밖에 없다. 소설에서 세령호 선착장 주변 비탈은 가시박으로 덮여 있고, 방류사건 후 세령마을은 폐허로 변해 가시박덩굴로 뒤덮였다.

> 남자는 장작을 패듯 제초기를 내리찍고 휘둘렀다. 수수들이 날 끝에서 쓰러져나갔다. 핏빛 머리를 뒤로 꺾으며 그를 불렀다. "아빠"
> 제초기는 푸른 매연을 내뿜으며 자동차처럼 웽웽거리고, 시커멓고 긴 형체를 꿈틀거리며 수수를 난자하고, 허공을 베고 대기를 가르며 춤을 추다가 남자의 손에서 화살처럼 튕겨나갔다. 커다란 호를 그리며 반달 아래로 가라앉았다. 첨벙, 하는 소리를 끝으로 정적이 찾아왔다. 남자는 어둠 속에서 꺼지듯, 사라져버렸다.
> 현수는 꿈에서 깬 것처럼 사방을 둘러보았다. 무슨 일이 있었던가. 왜 여기 와 있는가. 그가 발견한 건, 풀죽처럼 갈아버린 가시박덩굴을 맨발로 밟고 서 있는 광인이었다.
> (몽유병에 걸린 현수가 한밤중에 선착장 부근에서 가시박덩굴을 수수밭으로 착각하고 제초기로 마구 베는 장면)

> 거긴 이제 죽은 마을이라오. 댐 관리는 팔영호에서 같이 한다

더구먼. 살아남은 사람들은 보상금 몇 푼 받고 떠났고, 새로 건축을 할 수가 없는 구역이라 살고 싶어도 못 살지. 수목원은 흉물이 됐어요. 가시박덩굴이 그 넓은 숲을 다 덮어버렸으니까. 사람이 들어가려면 낫을 들고 쳐내야 할 정도요.

(수목원관리인 임 씨 할아버지가 방류사건 이후 폐허로 변한 세령마을 상태를 설명하는 장면)

'2011년 최고의 소설'로 극찬받은 《7년의 밤》

프로야구 2군 포수 출신인 최현수는 시골에 있는 세령댐 보안담당 팀장으로 발령이 난다. 이사 준비를 위해 안개가 자욱한 한밤중 세령마을에 도착했을 때 갑작스레 뛰어든 여자아이(오세령)를 차로 들이받는다. 그에게 '운명이 난데없이 변화구를 던진 밤'이었다. 당황한 그는 아이가 내지르는 소리를 막으려다 그만 세령을 질식사시키고 세령호에 시신을 버린다.

세령의 아버지인 치과의사 오영제는 세령을 찾는다. 사실 세령은 영제의 구타를 견디다 못해 집을 뛰쳐나갔다가 안개가 자욱한 세령호 부근에서 현수의 차에 치인 것이다. 영제는 사건을 추적해 자신의 딸을 죽이고 유기한 범인이 최현수라는 사실을 알아내고, 그에 대해 잔인한 복수를 시작하는 내용이다. 오영제의 무서운 집착과 잔인함이 소름이 돋을 정도로 끔찍하다. 다른 소설과 달리 이 소설은 스릴러라 세부 내용과 결말은 직접 책을 읽고 확인하는 것이 좋겠다. 다만 마지막 부분에 반전이 있다는 것만 밝히고 싶다.

이 스릴러소설은 '2011년 최고의 소설'이라는 극찬을 받으면서 30만 부 넘게 팔렸다.

이 소설에 대한 평가는 '치밀한 서사'와 '장대한 스케일'로 요약할 수 있을 것 같다. 소설가 박범신은 추천사에서 "내면화 경향의 '1990년대식 소설'들이 아직 종언을 고하지 않고 있는 현 단계에서, 정유정이 보여주는 역동적 서사, 통 큰 어필은 새로운 소설의 지평을 여는 데 부족함이 없다"라고 평했다. 소설가 조용호는 "삶과 죽음, 죄와 벌, 악마와 선인의 위태로운 경계, 천지를 두드리는 물보라의 굉음……. 이 장대한 스케일의 숨 막히는 서사를 끝까지 힘차게 밀고 나간 작가의 에너지가 경이롭다"라고 했다.

정유정(1966년생) 작가는 중환자실 간호사 출신으로, 정식 문학 수업을 받은 적도 없지만 강력한 스토리를 무기로 문학계에 돌풍을 일으켰다. 순수문학과 장르문학의 경계를 허물며 장르문학의 새로운 가능성을 열었다는 평가도 받았다.

그는 또 단편소설을 쓰지 않고 바로 장편소설로 승부를 걸었고, 평

가시박   가시박 열매

론가들의 도움 없이 독자와 직접 만나는 정공법으로 성공했다. 작가는 이 같은 방식으로 《내 인생의 스프링 캠프》로 제1회 세계청소년문학상, 《내 심장을 쏴라》로 제5회 세계문학상을 받았다.

이 소설은 '1억원+알파'의 판권료를 받고 영화제작사에 판권이 팔려 영화 제작 중이다. 원래 소설 제목은 소설 마지막 문장인 '해피 버스데이'였는데, 출판 과정에서 《7년의 밤》으로 바꾼 것으로 알려졌다. 세령호의 실제 모델은 전남 순천시의 '주암호'이다.

'식물계의 황소개구리', 가시박

이 소설에 나오는 가시박은 전국으로 급속도로 퍼져나가는 외래종 식물로, 환경부가 지정한 생태계 교란식물 11종 중에서도 가장 큰 피해를 주고 있는 식물이다.

　가시박은 여름철에는 하루 20~30센티미터씩 자랄 정도로 생장속도가 빠르다. 하천이나 호수 주변에서 자라면서 주변 자생식물들을 덮어버려 말려 죽인다. 다른 식물을 죽이는 제초(除草)물질까지 뿜어내고, 나무마저도 12미터까지 휘감고 올라가 고사(枯死)시킨다. 그래서 가시박은 '녹색 저승사자', '식물계의 황소개구리'라는 별칭을 갖고 있다. 2009년 신문에서 옥수수밭을 뒤덮은 가시박 사진을 처음 보고 충격을 받은 기억이 생생하다. 서울 밤섬도 해마다 제거 작업을 하는데도 전체 섬의 3분의 1 정도가 가시박으로 뒤덮여 있다.

　한강·낙동강·금강·영산강 등 4대강과 그 지천은 물론이고, 대청호·의암호 등 전국 호수와 그 주변도 가시박에 시달리고 있다. 환경단체들과 전국 지방자치단체들이 퇴치 사업을 벌이고 있지만 이미 광범위하게 퍼졌고, 전적으로 인력에 의존하기 때문에 부분적으로 제거하는 데 그치고 있다.

　'잡초 박사'로, 1990년 경기도 포천에서 가시박을 처음 발견한 강병화 전 고려대 환경생태공학부 교수는 "가시박은 파괴된 땅에 제일 먼저 들어간다. 4대강 준설토에 가시박이 퍼져 번식할 것"이라며 "장차 4대 강변 자전거길이 가시박길로 변할 가능성이 크다"라고 말했다.

《7년의 밤》을 읽고 정유정의 다음 소설이 기다려졌다. 다음에는 어떤 꽃이나 식물로 스토리에 맞는 분위기를 낼지도 궁금하다. 그는 현재 인수(人獸) 공통 전염병이 퍼지는 도시를 소재로 한 장편《화양 28(가제)》을 집필 중이다.

마지막으로 이 소설에 대한 사족을 좀 달겠다. 첫 번째, 왼손잡이 포수는 없다. 최현수는 전직 포수 출신인데 왼손잡이로 나온다. 그러나 왼손잡이 포수는 3루 송구에 어려움이 있고, 홈 블로킹 때도 불리하므로 국내 프로야구 역사상 왼손 포수는 없었다. 두 번째, 언론이 아무리 인권을 경시하더라도 살인자의 아들이라는 이유로 경찰서 현관을 나서는 피의자의 열두 살짜리 아들을 향해 일제히 플래시를 터뜨리지는 않는다. 또 사형수의 시신을 들고 나오는 아들을 향해 카메라를 들이댄다는 것도 상상하기 어렵다. 그리고 소설에서 최현수는 사형당하지만, 우리나라는 1997년 이후 사형을 집행하지 않아 사실상 '사형폐지국가'라는 평가를 받고 있다.

가
시
박

가시박

생존력 강하고 성장 아주 빠른 식물

가시박은 북아메리카 원산인 일년생 덩굴식물이다. 1980년대 후반 생존력이 강하고 생장이 빠른 가시박 줄기에 오이나 호박의 줄기를 붙이기 위해 도입했는데, 이것이 전국 강산으로 퍼져나간 것이다.

가시박이라는 이름은 열매에 뾰족한 가시가 달려 있어서 얻었다. 한 그루당 최대 2만 5000개의 씨가 달려 급속히 퍼지고, 씨가 한번 떨어지면 10~60년 후에도 발아하기 때문에 멸종시키기가 대단히 어려운 식물이다. 1990년대까지는 경북 안동과 충북 충주 등에서만 서식했지만 2000년대 들어 물길을 타고 전국적으로 퍼지기 시작했다. 환경부는 2009년에야 가시박을 생태계 교란식물로 지정했다.

아직 가시박을 제어할 천적(天敵)은 나타나지 않고 있다. 그래서 가시박을 제거하는 유일한 방법은 어린 순이나 줄기를 몇 년에 걸쳐 직접 뽑아내는 것이다. 가시박 외에도 서양등골나물, 돼지풀, 단풍잎돼지풀 등도 환경부가 지정한 생태계 교란식물이고, 환삼덩굴도 투종식물에 큰 피해를 주기 때문에 서울시가 제거 목록에 올려놓았다.

조정래 《허수아비춤》
풍성한 보랏빛 꽃송이, 수국

> "
> 풍성하게 둥그스름한 꽃송이들은
> 그냥 하얀색이 아니었다.
> 어렴풋하고 아른아른하게
> 노르스름한 빛이 서려 있었다.
> "

《태백산맥》,《아리랑》,《한강》의 작가 조정래는 어느 인터뷰에서 "좋아하는 네 가지 꽃이 연꽃·동백·수국·모란이고, 두 가지 나무가 소나무·느티나무"라고 했다.

그래서인지 조정래 소설에는 수국(水菊)이 많이 나온다.《아리랑》에서는 감골댁의 셋째딸 이름이 수국이다. 탐스럽고 예뻐서 수국이라고 지었다. 민족이 수난을 당하거나 가정이 어려울 때 예쁜 딸이 먼저 험한 길에 내몰리듯, 수국이도 지주와 일본 앞잡이에게 수모를 당하는 등 벼랑끝에 몰리다 슬픈 죽음을 맞는다.

《태백산맥》에서는 외서댁의 입을 빌려 수국에 대해 "보랏빛 잔 꽃송이가 풍성한 덩이를 이루는 수국은 먼발치에서 보면 구름 같아 가슴을 설레게 하지만 가까이 가면 쿠린 느낌의 향기가 역해 마음을 돌리게 했고"라고 평했다.

2010년 나온 장편소설《허수아비춤》에서는 강기준이 세무공무원 아파트에 이사 비용을 넣은 봉투를 주러 가다가 화단에 핀 수국을 보는 장면이 있다.

> 아, 저 꽃 …… 강기준은 문득 걸음을 멈추었다. 아파트의 작은 화단에 탐스럽게 큰 하얀 꽃송이가 덩이덩이 피어 있었다. 그 복스럽게 덩이진 꽃은 수국이었다. 풍성하게 둥그스름한 꽃송이들은 그냥 하얀색이 아니었다. 어렴풋하고 아른아른하게 노르스름한 빛이 서려 있었다. 그 신비스러운 색의 조화가 꽃송이들을 더욱 우아하고 청결하게 북돋우고 있었다.
> 그 꽃을 처음 본 것은 어느 절에서였다. 절에서는 불두화라 부르지요. 이 꽃송이들이 해탈하신 부처님 얼굴처럼 보이기도 하거든요. 정말 해탈한 것 같은 얼굴을 한 나이 지긋한 스님의 말이었다.

수국 ©김태정

수국과 불두화는 비슷하지만 다른 꽃

그러나 수국과 불두화(佛頭花)는 얼핏 보기에 비슷해 혼동하는 사람들이 많지만 다른 식물이다.

수국은 범의귀과에, 불두화는 인동과에 속한다. 잎을 보면 차이를 확연히 알 수 있다. 수국은 잎이 딱 깻잎처럼 생겼지만, 불두화는 단풍잎 모양으로 세 갈래로 갈라져 있다. 피는 시기도 불두화는 초파일 즈음이고, 수국은 6~7월 장마철이다.

불두화는 소설에 나오는 것처럼 꽃모양이 부처님 머리 모양을 닮았다 하여 '불두화'라는 이름을 가졌다. 불두화는 무성화여서 벌이나 나비를 불러 수정하고 열매를 맺는 것을 초월한 꽃이라는 점에서 사찰과 잘 어울린다. 그래서인지 절에서 불두화를 흔히 볼 수 있는데, 대개 산사의 앞마당에, 그러니까 불상 정면에 많이 심어놓았다. 더구나 꽃 피는 시기가 초파일 즈음이니 불교와 인연이 많은 꽃임이 분명하다.

두 꽃은 꽃의 생김새만 비슷한 것이 아니라 무성화라는 공통점도 가졌다. 즉, 이 꽃들은 씨를 맺지 못하기 때문에 스스로 번식하지 못하고 사람들이 꺾꽂이, 접붙이기, 휘문이 등을 통해 개체 수를 늘려주는 것이다.

조정래(1943년생) 작가는 전남 순천 선암사에서 태어났다. 선암사

불두화

는 태고종 총림으로, 태고종은 승려들이 결혼할 수 있다. 작가의 아버지는 선암사 부주지를 지냈다. 그래서 작가는 어린 시절을 선암사에서 보냈다. 선암사 일주문 옆에는 아름다운 연보라색 수국이 많이 피어 있는데, 작가는 어린 시절에 이 수국을 보면서 자랐을지도 모른다. 그래서 수국을 '가까이 가면 쿠린 느낌의 향기가 역해'라고 표현할 수 있었을 것이다.

경제민주화를 선지적으로 제기한 소설

《허수아비춤》은 한 대기업 회장과 그의 친위 조직의 비자금 조성, 검사와 공무원 매수 등 각종 비리와 정경 유착, 권언 유착 등을 신랄하게 고발하는 소설이다.

소설은 재벌인 '일광그룹'이 재산 상속과 그룹 승계를 위한 친위 조직인 '문화개척센터'를 만들면서 시작하고 있다. 일광그룹은 문화개척센터를 통해 검찰·공직자·언론사·학계 등을 상대로 전방위 로비를 벌인다. 이를 바탕으로 천문학적인 비자금을 조성해 자식에게 그룹 승계 작업을 추진한다. 그럼에도 검찰은 거대한 금권 앞에서 차일피일 미루며 제대로 수사를 하지 않는다. 철저한 수사를 주장한 검사는 사표를 던지는 상황에 몰린다. 진보 성향의 교수는 재벌 비리의 악순환을 끊고 경제민주화를 이루자는 칼럼을 기고한다. 이에 일광그룹은 광고를 무기로 신문사를 굴복시키고, 해당 교수는 재임용 심사에서 탈락한다.

작가는 '작가의 말'에서 "경제에도 '민주화'가 필요하다. 이 땅의 모든 기업들이 한 점 부끄러움 없이 투명 경영을 하고, 그에 따른 세금을 양심적으로 내고, 그리하여 소비자로서 줄기차게 기업들을 키워온 우리 모두에게 그 혜택이 고루 퍼지고, 또한 튼튼한 복지사회가 구축되어 우리나라가 사람이 진정 사람답게 사는 세상이 되는 것, 그것이 바로 경제민주화"라고 했다. 이 같은 작가의 생각에 전적으로 동의한다. 작가는 이 소설을 쓰려고 20여 년 전부터 준비했다고 말했다. 2012년 대선의 가장 큰 이슈가 경제민주화였다는 점에서, 작가가 2010년 이런 내용의 소설을 낸 것은 지식인으로 선지자적인 기능을 다한 것이다.

황제처럼 받들어지며 무소불위로 불법을 지시하는 재벌 회장, 홍콩 쇼핑 같은 상류층의 생활상과 위선, '돈은 귀신도 부린다'는 것을 실감나게 그려낸 장면들, 명품 핸드백 상품권을 받고 "호오, 이것들이 사람 대접할 줄 아네"라고 하는 차관 부인, '작은 가재가 바위를 질 줄 알고, 작은 여자도 남자를 태울 줄 안다' 같은 속담 등을 담은 이 소설을 감탄하면서 읽었다.

비현실적인 내용이 적지 않은 소설

그러면서도 아쉬운 부분들이 다소 있었다. 전체적인 작품의 가치를 훼손하지는 않지만, 위에서 설명한 수국과 불두화에 대한 오류는 '옥(玉)의 티'이다. 또한, 소설에서 '특별 보너스'를 계속해서 '스톡옵션'이라고 표현하고 있다. 스톡옵션은 임직원에게 자기 회사 주식을 일정한 가격에 매수할 수 있는 권리를 주는 것이므로, 연말 등에 주는 특별 보너스와는 다른 개념이다.

이것만이 아니다. 재벌에 비판적인 글을 신문에 기고했다고 재임용에서 탈락하는 교수 얘기, 재벌 비리에 대한 철저한 수사를 주장했다고, 그것도 다음 날 "술자리라서……"라고 번복했는데도 지방으로 좌천당하는 검사 얘기도 상당히 지난 시절 얘기가 아닐까 싶다.

기업이 광고를 무기로 언론에 영향력을 확대해 언론사들이 점차 왜소해지고 있는 것은 맞다. 그렇지만 기자들이 촌지 받는 것은 상당히 지난 얘기이거니와 휴가비를 받으러 떼를 지어 기업체 사무실에 찾아가는 것은 풍자라면 모를까 현실적이지 않다. 과거 얘기를 다룬 것이라면 몰라도 2010년 오늘의 얘기를 다룬 소설에서 나올 내용은 아니다.

문화개척센터, 기획 총장, 실행 총무 등 부서 이름과 직함도 현실적이라기보다 차라리 코믹하다. 그래서 이 소설은 전형적인 인물들을 통해 현실을 보여주는 소설이라기보다는 풍자글 같은 인상을 준다.

《허수아비춤》이 나왔을 때 문학평론가 고인환도 한 기고에서 "소설에 등장하는 일광그룹 회장이나 그를 떠받치는 주변 인물들의 캐릭터가 평면적인 성격을 벗어나지 못하고 있는데, 이는 작가의 현실 인식이 그리 치밀하지 못함을 드러낸 것"이라고 말했다. 그는 "《허수아비춤》은 현실 인식의 단순함과 투철한 계몽 의식이 빚어낸 아포리즘(깊은 진리를 간결하게 표현한 말이나 글) 지향의 소설"이라고 결론지었다.

경제민주화가 이 시대의 화두인 것은 맞지만 포인트가 재벌 비리, 정경 유착, 권언 유착보다는 양극화 해소, 대기업과 중소기업의 상생, 정규직과 비정규직의 격차 축소 등이 더 중요한 시대에 진입한 것 아닌가. 내가 보라는 달은 보지 않고 자꾸 달을 가리키는 손가락만 보는 걸까? 수국 얘기하다가 너무 많이 나간 것도 같다.

수국 산수국 불두화 백당나무

ⓒ김태정　# 수국

산수국

불두화

백당나무

산수국에서 수국, 백당나무에서 불두화 나와

수국은 전 세계 화단을 장식하는 대표적인 꽃 중 하나다. 꽃색은 토양의 산성 농도 등에 따라 여러 가지로 변한다. 중성이면 하얀색, 산성이면 청보라색, 알칼리성이면 연분홍색으로 변하는 식이다. 그래서 토양에 첨가제를 넣어 꽃 색깔을 원하는 대로 바꿀 수 있다. 이름에서도 알 수 있듯이 물을 좋아하고 피는 시기도 6~7월 장마철이다.

숲 속 혹은 물가에서 피어나는 산수국은 가장자리에 무성화, 안쪽에 유성화를 함께 볼 수 있다. 야생의 산수국에서 유성화는 없애고 무성화만을 남겨 크고 화려하게 개량한 것이 바로 수국이다.

역시 유성화가 없는 불두화는 백당나무를 개량한 것이다. 백당나무는 전체 꽃덩이 가장자리에 곤충을 부르는 역할을 하는 무성화가 있고, 안쪽에 실제 꽃가루받이를 해서 열매를 맺는 유성화가 있다. 백당나무에서 사람들이 인위적으로 무성화만 남겨놓은 것이 바로 불두화다. 불두화의 영어 이름은 눈싸움할 때 쓰는 눈뭉치처럼 생겼다고 해서 'Snowball tree'다.

정리하면 수국과 불두화는 무성화만 있고, 산수국과 백당나무는 무성화가 유성화를 감싸고 있는 형태다. 그리고 산수국에서 무성화만 남겨놓은 것이 수국, 백당나무에서 무성화만 남겨놓은 것이 불두화다. 그래서 산수국과 백당나무는 열매가 있지만, 수국과 불두화는 열매가 없다.

나무수국도 있는데, 꽃송이가 둥근 공 형태가 아니라 둥근 원뿔형이고, 무거워 아래로 살짝 늘어지듯 달리기 때문에 구분하기 쉽다.

문순태 《철쭉제》
박경리 《토지》
조정래 《태백산맥》
김영하 《검은 꽃》
김훈 《내 젊은 날의 숲》
공선옥 《영란》

4부
꽃, 삶을 만나다

해당화는 산기슭에도 피지만, 탁 트인 바닷가 모래밭에서 시원한 바닷바람을 맞으며 태양 아래에서 피기를 좋아한다. 특히 흰 모래 위에 피어나는 붉은 해당화를 '꽃 중의 신선'이라 했다. 우리나라 어느 바닷가에서나 다 해당화를 볼 수 있지만 가장 유명한 것이 원산 명사십리 해당화다. 해당화는 꽃과 열매가 아름답고 향기로워서 집 마당을 꾸미기에도 아주 좋다. 해당화는 사랑의 꽃이기도 하다.

문순태 〈철쭉제〉
상처 치유하는 화해의 손길, 철쭉

> "
> 무지갯빛으로 찔러오는 햇살 사이로
> 온통 산에 붉은 물을 뿌려놓은 것 같은,
> 세석평전의 철쭉꽃밭이 질펀하게 펼쳐져 있었다.
> "

1980년대엔 매년 5~6월이면 지리산 세석평전에서 철쭉제가 열렸다. 대략 해발 1500미터에 있는 세석평전은 남한에서 가장 넓은 고산평원이다. 이곳에는 철쭉이 대규모 군락을 형성해 장관을 이룬다. 이 철쭉을 보기 위해 1972년부터 해마다 세석평전 철쭉제가 열렸다. 문순태의 중편 〈철쭉제〉는 이 철쭉제를 배경으로 한 소설이다.

1980년대의 어느 날, 마흔 살의 검사인 '나'는 6·25 때 지리산에서 죽은 아버지 유골을 수습하고자 30여 년 만에 고향을 찾는다. '나'

는 전쟁 당시 아버지를 죽인 머슴 박판돌, 지관인 박 영감, 인부 두 명, 박판돌과 동행한 미스 현 등과 함께 사망 추정 장소인 지리산 세석평전으로 향한다. 노고단을 출발해 반야봉으로 향하는 길목에서 그들은 철쭉밭을 만난다.

> 평퍼짐한 산허리에 융단을 깔아놓은 듯 붉은 철쭉꽃밭이 펼쳐져 있었다. 일행은 화엄사에서 그곳까지 오는 동안 가장 넓고 아름다운 철쭉꽃밭을 본 것이다. 반야봉을 넘어서 불어오는 살랑살랑한 바람에 꽃밭은 하나의 큰 묶음으로 일렁였다. 마치 짙은 크레용을 벅벅 칠해놓은 것 같은 꽃밭은 점점 넓어져 온통 지리산을 가득 덮어버릴 듯싶었다. 그 붉은 빛깔에 반야봉 꼭대기에 걸린 하늘은 더욱 파래 보였고, 상큼한 꽃향기가 허파 속 깊숙이까지 찔러왔다.

미스 현은 이 장면을 "꽃뱀들이 엉켜서 꾸물럭거리는 것 같애요"라고 표현한다.

아버지를 죽인 박판돌과 함께 산행하는 내 마음은 편할 리가 없다. 세석평전을 찾아가는 과정에서 '나'와 박판돌의 관계를 알고 있는 지관 박 영감은 둘을 화해시키려고 하지만 쉽지 않다. 일행은 며칠간 야영을 한 끝에 세석평전에 도착한다. 작가는 철쭉이 피어 있는 세석평전을 '질펀한 철쭉꽃밭'이라 표현하고 있다.

> 무지갯빛으로 찔러오는 햇살 사이로 온통 산에 붉은 물을 뿌려놓은 것 같은, 세석평전의 철쭉꽃밭이 질펀하게 펼쳐져 있었다. 나는 손으로 눈곱자기를 뜯어내며 꽃밭의 찬란함에 바보처럼 입을 벌렸다. 끝이 보이지 않았다. 하늘 끝까지 붉게 물들여져 있는 듯했다. 암,수 원앙이 어울려 비비 꼬는 비단 금침 이불 하나로 세석평전 삼십여 리를 덮어버린 것 같은 꽃밭은 불난 것처럼 이글이글 타올랐다.

박판돌은 세석평전에서 아버지 유골이 묻힌 위치를 알려준다. 아버지의 시신은 철쭉 뿌리들이 뼈를 고스란히 보호하고 있었기 때문에 유실이 거의 없었다. 박판돌은 유골을 수습하는 동안 사라졌다가 다시 나타났다. 그리고 노비였던 그의 어머니가 '나'의 조부에게 몸을 빼앗기고 그의 아버지는 '나'의 아버지에게 살해당했다는 사실을 밝힌다. '나'는 이 같은 진실을 알고 오히려 박판돌에게 용서를 구해야함을 깨닫는다. 그리고 화해의 악수를 청하고 세석평전에서 꺾어 온 철쭉꽃 한 가지를 그에게 주는 것으로 소설이 끝난다.

철쭉

6·25의 상처와 화해 다룬 '분단문학'의 전형, 〈철쭉제〉

〈철쭉제〉는 이처럼 6·25의 상처와 화해의 과정을 다룬 전형적인 '분단문학' 작품이다. 문순태는 분단 이후 한국 사회의 대립과 갈등을 다루면서도 어느 한쪽에 치우치지 않고 민족적 동질성이라는 측면에서 중립적으로 접근했다는 평가를 받고 있다.

문순태(1941년생) 작가는 전남 담양 출신이다. 조선대 국문과를 졸업하고 1973년 작품 활동을 시작한 그는 수몰민의 애환을 그린 〈징소리〉, 한 여인을 통해 우리 민족의 아픔과 정체성을 그린 〈문신의 땅〉, 재난과 관리들의 착취를 이겨내는 가난한 농민들의 삶을 그린 대하소설 《타오르는 강》 등이 대표작이다. 또 1980년 광주민주화운동을 다룬 소설 《그들의 새벽》, 광주학생독립운동을 소재로 한 장편 《알 수 없는 내일》도 냈고, 2012년엔 총 7권짜리 《타오르는 강》에 광주학생운동 등을 추가해 9권으로 완결판을 냈다.

생태계 회복 중인 세석평전

문순태의 〈철쭉제〉를 읽고 1994년 늦은 봄 휴가를 내 지리산에 간 적이 있다. 노고단에서 천왕봉까지 가면서 철쭉을 원 없이 보았다. 세석평전의 탁 트인 전망은 좋았지만 세석의 철쭉은 생각만큼 대단한 규모는 아니어서 약간 실망하기도 했다. 지금 생각해보면 그때가 세석평전 훼손이 가장 심할 때였다.

남한에서 가장 넓은 고산평원인 세석평전은 사람의 때를 많이 탔다. 멀리는 신라 시대 화랑도의 수련장이었고 구한말에는 동학 농민군의 집결지, 해방공간에는 빨치산의 근거지, 6·25 전후에는 화전민들의 터전으로 오랜 세월 인간의 간섭을 받았다. 특히 1970년대 이후 급증한 등산객들의 무분별한 야영과 해마다 열리는 철쭉제 인파 등으로 치명상을 입었다. 이에 따라 국립공원관리공단은 지난 1995년 세석평전 생태계 복원 작업에 들어가 세석평전에서 취사와 야영을 전면 금지했다. 이후 세석평전은 빠르게 생태계를 회복하고 있다.

문제는 생태계 복원 과정에서 세석평전 철쭉이 인간이 아닌 구상나무 등 새로운 적을 만났다는 점이다. 지금의 세석평전은 철쭉만이 넘실대는 평전이 아니다. 원래 세석평전의 주인인 구상나무들이 다시 자리를 잡기 시작하면서 철쭉나무들을 밀어내고 있는 것이다. 2008년 여름휴가 때, 세석평전에 가보니 이미 구상나무들이 내 키의 두세 배까지 자라 있었다. 1994년 갔을 때의 구상나무는 내 키 정도 크기였다.

구상나무는 1900년 이전 세석평전의 '주인'이었다가 일제강점기와 한국전쟁 등을 거치면서 밀려났다. 그런데 자연을 복원하자 다시 구상나무가 세력을 넓히고 있는 것이다. 이대로 몇십 년이 지나면 세석평전의 철쭉은 사라질지도 모른다. 1994년 세석평전에서 우연히 만난 생태 전문가와 산장지기로부터 이런 이야기를 듣고 하산해 기사를 쓴 적이 있다. 그러나 설령 세석평전 철쭉이 사라지더라도 자연에 맡겨야 할 일이다. 숲의 천이 과정에서 풀은 나무에, 키 작은 나무는 키 큰 나무에 자리를 내주는 것은 자연스러운 일이다.

1972년 시작한 세석평전 '철쭉제'는 1990년대 초반 이후 철쭉 보호를 위해 중단됐다가 지금은 산 입구에서 소규모 행사로 열리고 있다. 반면 1994년부터 시작한 지리산 운봉 바래봉 철쭉제는 지금도 큰 규모 행사로 열리고 있다. 세석평전과 바래봉 철쭉은 종류가 다르다.

바래봉 철쭉은 진분홍 산철쭉이고, 세석평전 철쭉은 연분홍 철쭉이다. 바래봉 산철쭉 색깔이 훨씬 진하다. 그래서 세석평전 철쭉보다 바래봉 산철쭉을 더 높이 치는 사람들도 있다.

세석평전 철쭉이 연분홍 철쭉임을 고려하면, 소설 〈철쭉제〉에서 세석평전 철쭉꽃 밭이 '붉은 물을 뿌려놓은 것 같다', '불난 것처럼 이글이글 타올랐다'라고 표현한 것은 '연분홍 물을 뿌려놓은 것 같다' 정도로 표현하는 것이 더 정확했을 것이다.

영산홍 진달래 산철쭉 철쭉

철쭉은 연분홍, 산철쭉은 진분홍

철쭉

ⓒ김태정 # 산철쭉

진달래

ⓒ김태정 # 영산홍

철쭉과 진달래, 산철쭉, 영산홍은 모두 진달래과에 속하는 봄을 대표하는 꽃들이다.

진달래와 나머지 철쭉류를 구분하기는 비교적 쉽다. 진달래는 잎보다 꽃이 먼저 피기 때문이다. 또 진달래 꽃잎은 매우 얇다. 진달래는 꽃을 먹을 수 있어 '참꽃'이라고 하지만 철쭉은 먹을 수 없어 '개꽃'이라 부른다.

철쭉은 꽃과 잎이 함께 핀다. 철쭉은 '연한' 분홍색으로, 진달래와 달리 꽃잎 안쪽에 붉은 갈색 반점이 있다. 피는 시기도 진달래는 4월쯤이지만, 철쭉은 5~6월이다. 잎도 진달래는 길쭉하고, 철쭉은 둥근 잎이 다섯 장씩 돌려나는데 주름이 있다.

산철쭉과 영산홍에 이르면 좀 복잡해진다. 산철쭉은 꽃이 철쭉보다 색깔이 '진한' 분홍색이고, 잎은 진달래와 비슷한 긴 타원형이다.

화단에서 다양한 색으로 화려함을 뽐내는 영산홍은 일본에서 철쭉을 개량한 원예종으로 '왜철쭉'이라고도 부른다. 영산홍은 잎이 작고 좁으며 겨울에도 잎이 떨어지지 않는 반상록이 많다.

피는 시기는 진달래, 산철쭉, 철쭉 순이다. 진달래는 3월 하순에 개화하기 시작해 2주 정도 핀다. 그다음 산철쭉이 진달래꽃이 지는 4월 중순부터 잎과 함께 꽃을 피우기 시작해서 5월 중순까지 피고, 마지막으로 철쭉이 5월 중순부터 6월 중순까지 개화한다.

정리해보면, 산에서 잎이 없이 꽃만 피었으면 진달래, 잎과 꽃이 함께 있으면 철쭉이나 산철쭉이다. 그리고 꽃이 연분홍색이고 잎이 둥글면 철쭉, 꽃이 진분홍색이고 잎이 긴 타원형이면 산철쭉으로 보면 틀리지 않을 것이다. 여기에다 공원이나 화단에 꽃이 작으면서 화려한 색깔의 꽃이 피어 있으면 영산홍이라고 할 수 있다.

박경리 《토지》
가시 돋은 '꽃 중의 신선', 해당화

> "
> 서희는 해당화 가지를 휘어잡았다.
> 그리고 땅바닥에 주저앉았다.
> "정말이냐······"
> 속삭이듯 물었다.
> "

 박경리(1926~2008)의 대하소설 《토지》를 대표하는 꽃은 무엇일까. 20권짜리 방대한 규모의 소설 《토지》에는 능소화, 옥매화, 치자, 석산, 백일홍, 제비꽃, 붓꽃 등 수많은 꽃이 등장하지만 가장 인상적으로 그려진 꽃은 '해당화'다. 이 소설은 일본이 항복했다는 소식을 듣고 감격한 서희가 해당화 가지를 휘어잡고 주저앉는 장면으로 대미를 장식하고 있다.

양현은 별당으로 뛰어들었다. 서희는 투명하고 하얀 모시 치마저고리를 입고 푸른 해당화 옆에 서서 하늘을 올려다보고 있었다.

"어머니!"

양현은 입술을 떨었다. 몸도 떨렸다. 말이 쉬이 나오지 않는 것이다.

"어머니! 이, 이 일본이 항복을 했다 합니다!"

"뭐라 했느냐?"

"일본이, 일본이 말예요, 항복을, 천황이 방송을 했다 합니다."

서희는 해당화 가지를 휘어잡았다. 그리고 땅바닥에 주저앉았다.

"정말이냐……"

속삭이듯 물었다. 그 순간 서희는 자신을 휘감은 쇠사슬이 요란한 소리를 내며 땅에 떨어지는 것을 느꼈다. 다음 순간 모녀는 부둥켜안았다.

이 장면에 대해 문학평론가인 김윤식 서울대 명예교수는 한 기고에서 "생각건대, 필시 최서희의 손바닥엔 피가 낭자하지 않았을까. 심한 통증도 잇따랐을 터"라며 "이에 대해 작가는 냉담했소. 한마디 언급도 없었으니까"라고 했다. 해당화 줄기에는 험상궂게 생긴 크고 작은 가

경남 하동군 평사리 최참판댁 담장에서 바라본 별당 모습. 서희를 연모한 꼽추 병수가 담장 구멍으로 엿본 각도 그대로다. '해당화 잎이 아랫도리를 가렸으나 별당 전부가 환하게 눈에 들어오는' 구도다. ⓒ하동군청 제공시가 많기 때문이다. 김 교수는 "이 결말 장면 탓이었을까. 해당화를 대할 적마다 가슴이 베인 듯한 섬뜩함을 물리치기 어려웠소"라고 덧붙였다.

김 교수의 글을 읽고 해당화 가지를 유심히 살펴보았다. 2센티미터에 가까울 정도로 긴 가시들도 불규칙하게 달려 있고 그보다는 짧지만 억세게 보이는 잔가시들도 무수히 돋아나 있어서 어디 한군데 잡을 만한 곳이 보이지 않았다. 띄엄띄엄 붙어 있는 장미 가시와는 또 달랐다.

최참판댁 별당에 핀 해당화

해당화는 《토지》에서 여러 번 등장하는 꽃이다. 1권에서 간난 할멈이 별당 뜰 연못가에서 풀을 뽑을 때 '해당화가 연방 피고 진다. 분홍 꽃잎이 마당 여기저기 흩어져 있었다'라는 묘사가 나온다. 어린 서희는 이 해당화 꽃잎을 주워 치마폭에 담으며 논다.

서희가 열네댓 살쯤 되었을 때, 조준구의 꼽추 아들 병수가 서희에게 연정을 품고 별당 담장 구멍으로 서희를 엿보다 길상에게 들키는 장면(20권)에도 해당화가 나온다.

> 병수는 오솔길 초입에서 오른편으로 걸음을 꺾었다. …… 담장을 따라 한참을 가면 담벽 흙이 조금 허물어진 곳에 돌과 돌

이 맞물린 사이에 조그마한 구멍이 하나 있었다. 그 구멍에 눈을 바싹 들이대면 그곳은 별당의 뜨락이었다. 병수는 잠시 동안 망설이다가 그 구멍에 눈을 갖다 댄다. 해당화 잎들이 아랫도리를 가렸으나 별당 전부가 환하게 눈에 들어왔다.

대청 양켠에 각각 딸려 있는 것이 별당이었다. 툇마루가 붙은 큰방이 서희의 거처방이었다. (중략) 병수에 비하면 거인같이 큰 길상이 어두운 눈빛으로 내려다보았다. 사색이 되었던 병수 얼굴에 핏기가 돌아왔다. 그 핏기는 얼굴에서 목덜미까지 번져서, 봄을 알기에는 아직 부드럽고 연약한 살갗이 해당화 꽃잎으로 물들었다.

경남 하동군은 2001년 《토지》의 무대인 평사리에 최참판 댁을 재현하면서 당연히 별당 담장 가에 해당화도 심었다. 이 책을 쓰면서 꼭 최참판 댁 별당에 핀 해당화 사진을 구하고 싶었다. 내려갈 시간을 잡지 못한 채 해당화가 지지 않을까 노심초사하다가 평사리 문학관에 해당화 사진 한 장을 부탁했다. 그런데 보내온 사진이 기가 막히게 좋았다. 무성한 잎 사이로 붉은 해당화가 전통 한옥 구조의 별당과 별당 앞 연못과 어우러져 조화를 이루고 있었다. 더구나 꼽추 병수가 담장 구멍으로 바라본 각도 그대로, '해당화 잎이 아랫도리를 가렸으나 별당 전부가 환하게 눈에 들어오는' 각도였다. 사진을 찍은 분이《토지》 내용을 너무 잘 아는 고수인 것이 분명하다. 유홍준의《나의 문화유산 답사기》제6권의 부제대로, '인생도처유상수(人生到處有上手)'였다. 우리 삶에 가는 곳마다 숨어 있는 고수가 있다는 뜻이다.

박경리 선생은《토지》를 1969년 월간《현대문학》에 연재하기 시작해 1994년까지 25년 동안 여러 매체로 지면을 옮겨가면서 200자 원고지 4만여 장으로 집필했다.

'1897년의 한가위. 까치들이 울타리 안 감나무에 와서 아침 인사도 하기 전에'라는 문장으로 시작한 소설은 경남 하동군 평사리에서 출발해 만주 간도까지 무대를 오가면서 8·15 광복을 맞기까지 한국 근대사를 그려냈다. 소설이 시작할 때 서희가 다섯 살이었는데, 끝날 때는 쉰셋의 나이다. 특히 해방을 맞는 순간과 함께 끝나는 이 소설의 마지막 문장은 공교롭게도 1994년 8월 15일 새벽 2시에 쓰였다고 한다.

사랑의 꽃, 해당화

해당화는 산기슭에도 피지만, 탁 트인 바닷가 모래밭에서 시원한 바닷바람을 맞으며 태양 아래에서 피기를 좋아한다. 특히 흰 모래 위에 피어나는 붉은 해당화를 '꽃 중의 신선'이라 했다. 우리나라 어느 바닷가에서나 다 해당화를 볼 수 있지만 가장 유명한 것이 원산 명사 십리 해당화다. 휴전선 이북 강원 통천이 고향인 정주영 현대그룹 명예회장은 회고록에서 "고향에 있는 송전해수욕장에 명사십리 해당화보다 더 화려한 해당화가 피었다"라고 자랑했다. 해당화는 꽃과 열매가 아름답고 향기로워서 집 마당을 꾸미기에도 아주 좋다.

해당화는 사랑의 꽃이기도 하다. '해당화 피고 지는 섬마을에／ 철새 따라 찾아온 총각 선생님／ 열아홉 살 섬색시가 순정을 바쳐／ 사랑한 그 이름은 총각 선생님'으로 시작하는 이미자의 노래 〈섬마을 선생님〉을 보아도 알 수 있다.

심훈 소설 《상록수》에서도 영신이 동혁과 장래를 약속하는 장면에서 해당화가 나온다. 해당화가 필 즈음 밤 바닷가에서 동혁이 영신의 손등에 키스하자 영신은 떨리는 목소리로 "참, 이 바닷가엔 왜 해당화가 없을까요?"라고 딴전을 부리며 살그머니 손을 빼려 한다. 그러나 동혁은 영신을 포옹하며 "해당화는 지금 이 가슴속에서 새빨갛게 피지 않았어요?"라고 말하는 장면이 있다.

이런 해당화가 《토지》에 반복적으로 나오는 이유는 무엇일까. 그만큼 해당화가 우리 가까이에 있었기 때문일 것이다. '해당화가 붉게 핀 바닷가에서'로 시작하는 동요도 어린 시절 많이 들었던 노래다. 북한 사람들도 해당화를 아주 좋아하는 것 같다. 베이징·암스테르담 등 세계 곳곳에 '해당화'라는 식당을 운영하고, '해당화'라는 이름의 담배도 만들고 있다.

 그런데 이 해당화가 멸종 위기까지 몰린 적이 있다. 당뇨병 등 성인병에 효험이 있다고 알려지면서 사람들이 뿌리째 뽑아 가기 시작한 것이다. 1980년대 말에는 동해안에서 해당화를 거의 볼 수 없을 지경에 이르렀다. 이처럼 멸종 위기에 놓인 해당화를 되살려낸 것은 주민들이었다. 1994년 강원도 삼척 주민들이 '해당화 심기 운동'을 시작한 것이다. 이 운동을 10년 가까이 지속한 끝에 강원도의 동해안 바닷가 전역에서 해당화가 되살아나기 시작했다. 그동안 심은 해당화가 100만 그루가 넘어 해당화 군락도 다시 생겨났다.

 해당화를 보고 싶다면 어디로 가야 할까. 국립공원관리공단은 전국 19개 국립공원의 야생화를 언제 어디서 볼 수 있는지 정리한 일람표를 공개했다. 이 일람표에 따르면, 해당화는 5월 말 태안해안국립공원 삼봉과 기지포 해안에서, 5월 중 다도해해상국립공원 신안 도초도 시목탐방로에서 감상할 수 있다. 해당화는 꼭 보고 싶은데 서울을 벗어날 수 없다면, 5월에 서울 남산 야생화공원에 가도 예쁜 해당화를 볼 수 있다.

그래도 역시 해당화는 바닷가에서 감상하는 것이 제맛이다. 동해 또는 서해의 푸른 바다, 흰 모래를 배경으로 핀 붉은 해당화를 보면서 사나운 가시도 잊고 가지를 휘어잡은 서희의 감격을 떠올려보는 것도 좋을 것이다.

해당화 / 찔레꽃

진한 분홍색 꽃잎에 노란 꽃술

해당화

해당화(海棠花)는 모래땅과 같이 물 빠짐이 좋고 햇볕을 많이 받는 곳에서 자란다. 찔레꽃과 함께 대표적인 장미과 식물이라 잎과 꽃이 장미와 아주 비슷하게 생겼다. 진한 분홍색 꽃잎에 노란 꽃술이 대조를 이루어 화려한 느낌을 준다. 아주 빨갛지도 연하지도 않은 소박한 붉은색을 갖고 있다. 꽃잎 끝이 오목하게 들어간 것이 특징이다. 5~7월 꽃을 피우는데 향기가 좋아 옛날부터 화장품 향료로 사용했고, 봄철에 돋아나는 어린 순은 나물로 먹고 열매나 꽃잎을 따 먹기도 했다. 바람 부는 곳을 향하면 장미향보다 더 은은한 향이 난다.

찔레꽃

찔레꽃은 흰색인 점만 다르고 해당화와 비슷하게 생겼다. 향기도 아주 좋다. 그래서 '찔레꽃 붉게 피는 남쪽 나라 내 고향~'으로 시작하는 노래에 나오는 찔레꽃은 해당화를 오해한 것으로 보는 사람들이 많다. 볕이 잘 드는 산기슭이나 골짜기에서 자란다. 찔레꽃은 5월에 서울 근교 산에서도 흔히 볼 수 있다.

조정래 《태백산맥》
태백산맥에 펼쳐진 여인들의 꽃

치자꽃 ©김태정

조정래의 《태백산맥》은 1986년 첫 단행본이 나온 이후 판매 부수 1,000만 부를 돌파하며 분단문학의 상징으로 자리 잡은 한국 현대문학의 대표작이다. 대학 시절 이 10권짜리 소설을 밤새워 읽으며 벅찬 감동을 느낀 기억이 새롭다. 일제강점기부터 해방공간, 6·25와 휴전 등 한국 근현대사를 300명에 달하는 인물들을 등장시켜 원고지 1만 6,500장에 담아냈다. 이 소설은 염상진·하대치 등 좌익 인물들을 소설의 중심에 배치하고 그들의 생각을 거침없이 담아, 작가는 이적성

여부를 놓고 오랜 법정 다툼을 벌여야 했다.

《태백산맥》은 대하소설답게 등장인물도 많지만 꽃이 많이 등장한다. 특히 작가가 제3권에서 외서댁의 생각을 빌려 거의 한 페이지에 걸쳐 10여 가지 꽃들에 대한 단상을 밝혀놓은 부분이 압권이다. 《태백산맥》에 대한 수많은 논문과 분석이 있었지만, 아직 꽃들의 관점에서 이 소설에 접근한 글은 접하지 못했다. 《태백산맥》에는 또 소화, 외서댁, 장터댁, 이지숙, 들목댁, 죽산댁 등 여인들도 많이 등장하고 있다. 《태백산맥》에 나오는 여인들을 꽃과 연결해보면 어떨까.

소화에게서 스치는 들꽃 냄새

《태백산맥》의 여주인공이 누구인지에 대해 의견이 분분하지만 나는 단연 소화라고 생각한다. 소화는 《태백산맥》 도입부에서 독자들의 흥미를 끌어내는 데 결정적인 역할을 한다. 소화가 없었다면 《태백산맥》이 1,000만 부까지 팔리지 않았을지도 모른다는 생각도 해본다.

소화는 많은 남자들이 이상적으로 생각하는 '생김은 꽃 같고 마음은 어머니 같은 여자'다. 그러나 무당이라 약간 괴기스러운 느낌도 주는 여성이다. 소화를 꽃에 비유하면 무슨 꽃일까. 복합적인 이미지를 갖고 있어서 소화를 하나의 꽃으로 상징하기가 쉽지 않다. 소설에서 소화를 묘사하는 꽃은 '박꽃'과 '들꽃'이다.

박꽃 ©김대정

　소화(素花)는 이름 그 자체가 한 떨기 '흰 꽃'이다. 염상구가 소화의 예쁜 얼굴과 날씬한 몸피를 보고 이름을 물어본 다음, 얼결에 '참말로 누가 진 이름인지 생김허고 딱 맞아떨어지는 이름'이라고 말하는 대목도 있다. 흰 꽃 하면 대표적으로 떠오르는 꽃이 박꽃이다. 침착한 흰색에다 은근하고 약간 괴기스럽게 밤에만 피는 점 등이 소화 이미지에 맞을 듯도 하다. 정하섭의 어머니 낙안댁도 소화가 '박꽃 같은 인물'이라고 생각한다. 그러나 박꽃만으로는 예쁘고도 야무진 소화를 표현하는 데 한계가 있을 것이다.

　소화는 들꽃 냄새가 스쳐 가는 여자다. 정하섭은 소화를 만날 때마다 들꽃 냄새를 맡는다. '이름을 알 수 없는 들꽃의 향기가 코끝을 스치는' 것이다. 들꽃의 대표적인 꽃은 들국화인데, 작가는 들국화에 대해 외서댁의 입을 빌려 '보랏빛 꽃망울을 열어 가을을 장만하는 것 같은 들국화는 그 외로움이 마음을 끌어당긴다'라고 했다. 보랏빛 들국화는 '쑥부쟁이'와 '벌개미취'가 대표적이다. 쑥부쟁이와 벌개미취가 박꽃보다는 낫지만, 역시 소화의 농염한 이미지를 표현하는 데 한계가 있는 것 같다. 소화에 대해 '희디흰 갈꽃(갈대꽃)의 흔들림 같은 그녀의 슬픈 눈'이라는 표현도 나온다. '희디흰'이라는 표현을 쓰려면 갈대꽃보다는 억새꽃이 나을 듯하다.

이처럼 소화는 복합적인 이미지인데다 다양한 표현이 나와 한가지 꽃으로 이미지화하기는 어렵다. 다만 '박꽃 같은 이미지에 들꽃 냄새가 나는 여인' 정도로 요약할 수 있을 것 같다.

임권택 감독이 1994년 제작한 영화 〈태백산맥〉에서는 오정해가 소화를 연기했다.

외서댁, 색이 뚝뚝 떨어지는 치자꽃

작가는 한 케이블채널에 출연해 《태백산맥》 등장인물 가운데 하대치와 외서댁을 주인공으로 생각한다고 말했다. 외서댁은 그만큼 작가가 공들여 쓴 주인공이라는 얘기다.

외서댁은 '치자꽃' 같은 여성이다. 남들보다 유난히 큰 젖가슴을 부끄러워했고, 그런 육체적 매력 때문에 염상구에게 몸을 빼앗기고 아이까지 임신해 저수지에 몸을 던졌지만, 겨우 살아난다. 결국 남편까지 잃고 자신이 빨치산 전사의 길을 걷는 기구한 삶의 역정을 걷는다. 외서댁을 두고 하는 표현들, 염상구의 '쫄깃쫄깃한 것이 꼭 겨울 꼬막 맛', 외서댁 남편 강동식의 '옴죽옴죽하는 것' 등은 쉽게 잊기 어려운 표현들이다.

외서댁이 처녀 시절에 유달리 좋아했던 꽃이 '치자꽃'과 '봉숭아'다. 친정집에 쌀을 얻으러 가서도 친정집 부엌문 옆에 탐스럽게 걸려 있는 황홍색 치자 묶음을 가져올 정도로 치자꽃을 좋아했다. 치자꽃은 열매로 노란색 염색을 들이는 꽃이다. 작가는 흰 치자꽃을 '어찌 보면 소복한 청상 같은 꽃'이라며 '그런 춥고 외로운 느낌의 꽃에서 어떻게 황홍색 물감이 풀리는 열매가 맺히는지 모를 일'이라고 표현했다. 치자꽃은 향기가 아주 진하다는 점에서 소설 초반 외서댁의 '색이 뚝뚝 떨어지는' 이미지와 잘 맞아떨어지는 것 같다.

장터댁은 간드러진 접시꽃, 이지숙은 윤기 나는 수선화

소설에서 하대치의 파트너로 나오는 장터댁은 어떤 꽃에 비유할 수 있을까. 장터댁은 '활짝활짝 웃으며 간드러진 꽃'으로, 하대치와 하룻

밤에 여섯 번 하고도 '도굿대(절굿공이)가 씨긴 씨요마는……'이라고 아쉬워하는 과부다. 이런 장터댁을 접시꽃으로 비유하면 어떨까. 접시꽃은 생명력이 강해서 어디에 심어도 잘 자라고 자극적으로 붉게 활짝 벌어진 꽃잎은 섹시한 이미지를 주는 꽃이다.

장터댁은 하대치가 '나비가 꽃 보고 내려앉을라고 허는 것이사 하늘이 정헌 이치'라고 유혹하자, '나비도 나비 같애야 허고, 꽃도 꽃 같애야 고런 문자가 어울리제라'라고 받아치는 등 입담도 아주 걸쭉하다.

하대치와 장터댁의 입담은 마치 지난 2003년 노무현 대통령이 고건 총리를 지명하면서 말한 '몽돌과 받침대'처럼 착착 맞아들어간다.

이지숙은 소설에서 유일한 지식인 여성이다. 국민학교 교사로, 부상당한 안창민을 치료해준 사건 때문에 붙잡히면서 교직을 떠난다. 인공 치하에서는 여맹위원장으로 활동했고, 국군에 의해 밀린 후에도 빨치산 투쟁을 벌인다. 이지숙은 '예쁘다고 할 수 없는 인물'이지만 영리하고 강단 있게 생긴 얼굴에 윤기 나게 빛나는 큰 눈이 인상적인 여성이다. 의지력이 강하고 냉철하다.

소설을 읽으면서 나는 이지숙에게서 '수선화'를 떠올렸다. 수선화는 흰색과 노란색이 조화를 이루어 깔끔하고, 꽃 한가운데 컵 모양의 덧꽃부리(부화관)가 달린 것이 이지적인 느낌을 주는 꽃이다. 작가는

수선화 ©김대정

꽃에 대한 평에서 "연보랏빛 수선화는 꽃모양도 특이하고 곧게 뻗은 진초록 잎새도 정갈해서 좋았지만, 너무 연약해 빨리 지는 것이 아쉬웠고"라고 쓰고 있다. 수선화는 보통 흰색과 노란색으로 피기 때문에 '연보랏빛 수선화'라는 표현은 작가의 실수인 것 같다.

들몰댁은 질기고 억센 맨드라미, 죽산댁은 억척스러운 엉겅퀴

하대치의 아내 들몰댁은 맨드라미에 가깝다. 들목댁의 집 장독대 옆에는 붉은 볏의 맨드라미가 집을 지키고 있다. 들목댁은 '미륵불 현신인 듯 편안한 느낌을 주는' 얼굴로 지칠 줄 모르는 부지런을 가진 여자였는데 남편이 오래 집을 비우자 질기고 억세진 여자다. 맨드라미는 한번 심거나 씨를 뿌리면 따로 돌보지 않아도 해마다 피는 억센 꽃이다. 작가는 '장닭의 붉은 볏을 빼박은 맨드라미는 친근한 꽃이었지만 계절이 바뀌어도 시들거나 변할 줄을 모르는 꽃'이라고 했다. 들몰댁은 남편 하대치의 좌익 활동과 시아버지 하판석의 죽음으로 소작이 떼이자 소화의 집에서 함께 살며 살림을 돕는다.

죽산댁은 빨치산 대장 염상진의 아내로, '몸피가 큰 여자'다. 남편 염상진을 지긋지긋해하면서도 자식들을 위해 억척스럽게 살아간다. 생활력이 강하고, 자식들에 대한 애정이 깊어 염상진이 벌교를 장악했을 때도 훗날을 염려해 적극적인 행동을 하지 않을 만큼 사려 깊은 여성이다. 또 자신을 취조하는 토벌대장에게 '인자 나도 그리 살기는 징상스럽고 징상스런 년잉께, 죽이씨요'라고 머리를 디밀고, '그리 넘 게짚는다고 읊는 일 있다고 헐 사람 아닝께 그리 허덜 마씨요'라고 헛웃음 치는 당찬 여성이다. 소설을 읽으면서 '엉겅퀴' 이미지가 떠올랐다. 엉겅퀴는 일단 식물 크기가 작지 않고, 척박한 땅에서도 잘 자라는데다, 자줏빛 꽃이 강렬하고 가시가 많아 쉽게 건드리기 어려운 이미지를 주는 꽃이다.

이밖에도 작가는 '동백꽃은 한스러운 아름다움이 있었으나 그 나뭇잎이 너무 억세어서 싫었고', '작약은 흐드러진 큰 꽃송이에 넘치는 붉은빛이 눈 시리게 고왔지만 어딘지 거만스러운 것 같고', '땅바닥에서 반 뼘도 자라 오르지 않고 연분홍 꽃을 피우는 채송화의 그 앙증스러움도 귀여웠으나 그건 예뻐할 수는 있어도 이쪽 마음을 담을 수는 없었다'라고 했다.

하나 아쉬운 점은 태백산맥에 나오는 꽃들은 대부분 화단에서 볼 수 있는 원예종이라는 점이다. 야생화는 그냥 들꽃이나 들국화라고만 표현했다. 작가 세대에서는 요즘보다 야생화에 관한 관심이 적었기 때문일 것이다. 작가가 야생화에 대해서도 관심을 가져 치자꽃·수국·수선화·맨드라미 등 원예종 꽃들에 대해 내놓은 탁월한 묘사를, 야생화에 대해서도 해주었으면 좋겠다.

박꽃 치자꽃 접시꽃 수선화 맨드라미

박꽃은 밤에만 피고 치자꽃은 향기 강해

박꽃은 여름에 피는 흰 꽃의 대명사다. 달맞이꽃처럼 낮에는 꽃잎을 오므리고 있다가 초저녁부터 핀다. 어릴 적엔 초가집 지붕에서 흔히 볼 수 있었으나, 초가지붕이 사라지면서 보기 어려워졌다.

치자꽃은 꼭두서니과에 속하는 상록성 관목으로, 6~7월에 흰 꽃이 핀다. 꽃잎은 6~7개다. 꽃향기가 강해 멀리까지 퍼진다. 열매는 천을 노랗게 염색하거나 빈대떡이나 전을 노랗게 물들이는 데 사용한다.

접시꽃은 아욱과의 여러해살이풀로, 길이 2.5미터까지 자라면서 줄기 중간 부분부터 꽃이 무수히 피어올라간다. 꽃 색은 붉은색, 흰색 등 다양하다. 꽃 모양이 접시를 닮아서 접시꽃이라고 부르며, 한자어로는 촉규화(蜀葵花)다.

수선화는 내한성이 강해 아주 이른 봄에 피는 꽃이다. 꽃잎은 여섯 개이고 흰색이며, 꽃 한가운데 컵 모양의 덧꽃부리(부화관)가 달린 것이 특징이다. 그리스신화에 나오는 미소년 나르키소스가 물에 비친 자기 모습에 반해서 빠져 죽은 자리에서 피어난 꽃이라는 이야기가 있다.

맨드라미는 비름과의 한해살이풀로, 원줄기 끝에 수탉의 볏처럼 생긴 꽃이 피는 원예종이다. 열대 아시아 원산의 1년생 초본으로, 우리나라 전국 각지에서 심는다.

엉겅퀴는 야산이나 들판에서 흔하게 볼 수 있는 여러해살이풀이다. 여름에 지름 3~5센티미터의 진분홍색 탐스러운 꽃송이가 줄기 끝에서 피고, 잎끝과 가장자리 톱니에 날카로운 가시가 있다.

©김태정 # 박꽃

©김태정 # 치자꽃

접시꽃

©김태정 # 수선화

맨드라미

김영하 《검은 꽃》
멕시코 이주민들의 혹독한 삶, 에네켄

> "
> 다시 기차와 배를 갈아타고 도착한 농장에서
> 그들을 기다린 것은 에네켄(Henequen)이라는
> 식물이었다. 에네켄은 악마의 발톱을
> 거꾸로 세운 것 같은 모양새였다.
> "

대한제국이 기울어가던 1905년 4월 4일 영국 기선 일포드 호가 이주 조선인 1,033명을 싣고 제물포항을 출발해 멕시코로 향했다. 김영하의 장편소설 《검은 꽃》은 이들 멕시코 이주민들의 이야기를 이주 100주년에 즈음한 2003년에 쓴 것이다.

그 배에는 고종의 사촌 동생 등 몰락한 양반들, 농민들, 전직 군인들, 무당, 가톨릭 신부, 좀도둑, 고아 등 다양한 신분의 사람들이 타고 있었다. 이들에게 공통점이 있다면 재산이 없다는 것이었다. 부쳐 먹을 땅도 없고, 먹고살 만한 직업도, 뒤를 봐줄 친척도 없는 사람들이었다. 그래서 멕시코에 가면 좋은 일자리와 미래가 있을 것이라는 막연한 기대를 하고 승선한 것이다.

멕시코로 가는 배 안에서 가장 먼저 발생한 일은 신분 질서가 사라진 것이다. 고상한 양반들은 식사 시간에 순서를 양보받기를 기대했으나 돌아오는 것은 비웃음뿐이었다. 양반들도 밥을 먹기 위해 체통을 버리고 줄을 서야 했다. 거들먹거리는 팔자걸음은 저절로 고쳐졌다. 천민들은 양반들 앞에서 더 이상 주눅이 들지도 않고 눈을 내리깔지도 않았다.

멕시코에 채무노예로 팔려간 1,033명의 삶

그해 5월 15일, 한 달 열흘이 넘는 항해 끝에 그들은 멕시코 남부의 항구 살리나크루스에 도착했다. 다시 기차와 배를 갈아타고 도착한 농장에서 그들을 기다린 것은 에네켄(Henequen)이라는 식물이었다. 에네켄은 악마의 발톱을 거꾸로 세운 것 같은 모양새였다. 잎을 따 선박용 밧줄을 만드는 에네켄은 당시 제국주의 팽창에 따른 세계적인 선박 운송량 증가로 수요가 폭증하고 있었다. 에네켄 잎을 잘라 으깨면 흰 실타래가 되고 이들을 모아 묶으면 튼튼한 밧줄이 됐다. 에네켄에 대한 설명은 소설에 자세히 나와 있다.

에네켄은 멕시코가 원산지다. 사람 키와 비슷한 크기다. 나무처럼 단단한 짧은 줄기에 잎이 달린다. 육질(肉質)의 잎은 두툼하다. 끝이 날카로운 바소 꼴로 흰색이며 길이 1~2미터, 가운데 부분의 너비가 10~15센티미터이다. 짧은 줄기에 여러 장의 잎이 빽빽이 난다. 10~15년이 되면 3미터 정도의 꽃줄기가 뻗어나와 꽃이 핀다. 꽃이 핀 뒤 말라 죽는다. 잎은 일 년에 30장 정도 늘어나고 한 그루에서 생산하는 잎은 총 200장에서 300장 사이다. 마치 선인장처럼 잎 가장자리를 따라 딱딱하고 뾰족한 가시가 무수히 나 있다. 잎이 용의 혀를 닮았다 하여 용설란이라 불리기도 하지만 난은 아니다. 외떡잎식물이며 백합목에 속한다. 같은 목인 알로에와 모양이 비슷하여 혼동하는 사람들이 많지만 용도가 전혀 다르다.

그들은 대륙 식민회사의 농간에 속아 채무 노예로 팔려간 것이었다. 40도가 넘는 더위, 그늘도 없는 에네켄 농장에서 가시가 많고 질긴 에네켄 잎을 따는 작업을 해야 했다. 일하지 않으면 먹지도 못했다. 손바닥이 헤지고 에네켄 가시에 다쳐 염증이 생겨 밤새 끙끙 앓는 날들이 많았고, 감독들이 채찍까지 휘두르자, 조선인들은 몇 차례 파업·봉기로 저항도 해보았지만 역부족이었다.

계약 기간 4년이 끝난 후에도 사람들은 돈이 없어 고국으로 돌아가지도 못한 채 멕시코 전역을 떠도는 신세로 전락했다. 돈을 모아 돌아가자고 서로 다짐했지만 그사이 대한제국은 망해 돌아갈 조국도 없었다. 그들 중 일부는 멕시코에 불어닥친 혁명과 내전의 바람에 휩쓸린다. 그 와중에 이웃 나라인 과테말라 혁명군이 조선인들에게 300만 달러라는 거액을 제시하며 참전을 요청한다. 42명의 조선인이 과테말라 북부 밀림 지대에 도착해 한동안 정부군과 교전을 벌인다. 그들은 '신대한'이라는 새로운 나라를 세우기도 했지만, 정부군의 대대적인 소탕 작전으로 대부분 전사하고 만다.

이 소설은 뚜렷한 주인공이 없지만 그래도 소설을 이끌어가는 인물은 고종의 사촌 동생인 황족 이종도의 딸 이연수와 고아 출신의 김이정이다. 열여섯 동갑인 두 사람은 배 안에서 눈이 마주치자 사랑에 빠진다. 이 둘의 사랑은 영화 〈타이타닉〉에 나오는 17세 소녀 로즈(케이트 윈슬렛 분)와 청년 잭(레오나르도 디카프리오 분)의 사랑과 너무 닮았다. 배 안에서 사랑에 빠져 운명적인 사랑을 나눈다는 점, 몰락한 귀족 출신 아가씨와 부랑아 출신 청년의 신분을 초월한 사랑이라는 점 등이 그렇다.

민족적인 시각, 최대한 배제하고 서술한 《검은 꽃》

특히 소설에서 이연수의 체취에 대한 묘사는 압권이다. 제대로 씻

2011년 8월 해군 제주방어사령부 연병장에 용설란 꽃이 만개했다. 용설란은 10여 년 동안 꽃이 피지 않기 때문에 100년에 한 번 핀다고 과장해 '세기식물'이라고도 부른다. 꽃대 높이가 7미터에 이른다.
ⓒ해군본부 제공

을 수 없는 선실에서 사람들은 제각각 냄새를 풍긴다. 보름쯤 지나자 이연수는 누구라도 분간할 수 있는 독특한 체취를 풍겼다. 특히 그녀가 지나갈 때 '잠든 사람들은 눈을 뜨고 잠들지 않은 자들은 눈을 감았다'라는 묘사가 인상적이다. 파트리크 쥐스킨트의 장편소설《향수》에 나오는 살인마 그르누이가 이 배에 타고 있었으면 당연히 '동양 컬렉션'으로 이연수의 체취를 탐냈을 것이다.

이연수는 김이정과의 사랑으로 임신하지만, 김이정이 갑자기 다른 농장으로 옮긴 후 다시는 만나지 못한다. 이연수는 이리저리 팔려다니는 신세로 전락했다가 고리대금업과 유흥업으로 돈을 갈퀴처럼 긁어모은다. 김이정은 미국으로 탈출을 시도하다 멕시코 혁명군에 가세해 전투를 벌인다. 그리고 과테말라 혁명에 용병으로 참여한 조선인들을 지휘하다 마야 밀림 지대에서 허무한 죽음을 맞는다.

기후와 강산과 작물은 사람들을 변하게 하는 것일까. 이 책을 읽으면서 강과 산이 있는 자연, 부드러운 기후 아래에서 벼·보리를 재배하던 사람들이 무더위와 사막지대라는 척박한 환경에서 가시가 있는 '에네켄'을 다루면서, 사막과 에네켄처럼 거칠게 변해갔다는 느낌을 받았다.

작가는 이 과정을 냉정한 시각을 유지하며 그려내고 있다. 김영하 특유의 간결하고 속도감 있는 문체에다 역사소설이라는 중량감이 더

용설란 ©김대정

해졌다. 한인 멕시코 이민사의 아픔은 김영하의 소설 이전에도 1988년 연극 〈애니깽〉을 초연한 것을 계기로 알려지면서 소설(1990년), 영화(1996년)로도 나온 적이 있다.

작가는 인터뷰 등에서 "1905년 제물포를 떠나 지구 반대편의 마야 유적지, 밀림에서 증발해버린 일군의 사람들은 나를 사로잡았다. 소설을 쓸 때 민족주의적 역사관에 기대지 않는다는 것을 원칙으로 했다"라고 말했다. 다만 소설 뒷부분을 너무 서둘러 마무리한 듯한 인상을 주는 것이 아쉬운 점이다.

김영하(1968년생)는 출세작 《나는 나를 파괴할 권리가 있다》를 시작으로, 남파 고정간첩을 주인공으로 내세운 《빛의 제국》, 청년백수 세대의 떠도는 삶과 꿈을 그린 《퀴즈쇼》 등 다섯 권의 장편을 냈다. 2004년엔 동인문학상(수상작 《검은 꽃》), 황순원문학상(수상작 〈보물선〉), 이산문학상(수상작 〈오빠가 돌아왔다〉)을 한 해에 받는 기염을 토하기도 했다. 도시적 감수성과 경쾌한 문체, 시대 징후의 빠른 포착 등이 그의 특징이다.

멕시코 이주민의 후손들은 현재 멕시코시티와 남부 메리다, 북부 티후아나를 중심으로 약 3만 명 정도가 살고 있다. 5세손, 6세손까지 자라면서 한국말을 하는 사람도, 전혀 모르는 사람도, 외국인 피가 섞여 얼굴만 봐서는 '한국인'인지조차 알 수 없는 사람도 있다. 이주 역사 100년이 넘으면서 얼굴 생김새와 말투도 점점 현지인에 가까워졌다. 지금도 대부분이 경제적으로 어려운 상황을 겪고 있지만 주 대법

관과 연방하원의원, 외교관 등을 배출할 정도로 주류 사회로의 진출이 조금씩 늘어나고 있다.

얼마 전, 이들의 후손들 사이에서 한국에 대한 기억이 희미하게 사라져 가다가 K팝 등 한류(韓流) 바람을 타고 한국인 피가 섞인 데 대한 자긍심이 되살아나고 있다는 기사를 보았다. 이들 후손은 에네켄을 어떤 마음으로 바라볼까. 이제 에네켄(용설란)을 보면 100여 년 전 멕시코에서 망국의 한을 품고 쓰러져간 이주민들이 떠오를 것 같다.

용설란 유카 알로에

용설란

ⓒ김태정　# 유카

ⓒ김정문알로에　# 알로에

100년에 한 번 꽃 핀다는 '세기식물'

에네켄과 같은 용설란(龍舌蘭)은 우리나라에서도 관상용으로 키우고 있다. 그러나 대부분 지역에서 월동하기 어렵다. 그래서 주로 온실에서 관상용으로 기르고, 제주도와 남해안 등 따뜻한 곳에서만 밖에서 겨울을 날 수 있다. 제주도에 가보면 이따금 길가에 심어놓은 용설란을 볼 수 있다. 10년 이상 자란 것은 5미터 이상 높은 꽃줄기를 올려 노란 꽃을 피운다. 꽃줄기는 자라기 시작하면 하루에 20센티미터씩 쑥쑥 자란다. 10여 년 동안 꽃이 피지 않기 때문에 100년에 한 번 핀다고 과장해 '세기식물(Century Plant)'이라고도 부른다. 꽃을 보고 소원을 빌면 이루어진다는 속설이 있을 정도로 용설란 꽃은 좀처럼 보기 어렵다. 그래서 용설란 꽃이 피면 지방지 등 언론에서 사진과 함께 소개할 정도다. 용설란 꽃은 귀하게 피는 만큼 한번 피면 두 달 정도 피고 그 꽃이 떨어지면 서서히 말라 죽는 것으로 알려졌다.

같은 용설란과인 유카는 용설란과 비슷하게 생겼지만, 크기가 좀 작고 꽃줄기도 1미터 정도로 높지 않다. 꽃색깔도 노란빛을 띤 흰색이라 노란색인 용설란과 구분할 수 있다. 알로에도 용설란과 비슷한 모양이지만 아프리카 원산지인 백합과 식물로, 꽃 색깔과 피는 형태도 용설란과 다르다.

김훈 《내 젊은 날의 숲》
한번 보면 잊을 수 없는 꽃, 얼레지

> "
> 꽃은 식물의 성기라는데, 눈을 뚫고 올라온
> 얼레지꽃은 진분홍빛 꽃잎을 뒤로 활짝 젖히고
> 암술이 늘어진 성기의 안쪽을
> 당돌하게도 열어 보였다.
> "

김훈의 소설 《내 젊은 날의 숲》은 민통선 안 국립수목원에서 계약직 공무원으로 식물을 그리는 세밀화가가 주인공이다. 당연히 이 소설에는 꽃 이름과 꽃을 그리는 과정이 많이 나온다. 그중에는 얼레지라는 인상적인 꽃도 있다.

자작나무 사이에서 복수초와 얼레지가 피었다. 키가 작은 그 꽃들은 눈 위에 떨어진 별처럼 보였다. 눈 속에서 꽃이 필 때

열이 나는지, 꽃 주변의 눈이 녹아 있었다. 차가운 공기와 빈약한 햇살 속에서 복수초의 노란 꽃은 쟁쟁쟁 소리를 내는 것 같았다. 꽃은 식물의 성기라는데, 눈을 뚫고 올라온 얼레지꽃은 진분홍빛 꽃잎을 뒤로 활짝 젖히고 암술이 늘어진 성기의 안쪽을 당돌하게도 열어 보였다. 눈 위에서 얼레지꽃의 안쪽은 뜨거워 보였고, 거기에서도 쟁쟁쟁 소리가 들리는 듯 싶었다.

소설에서 묘사도 심상치 않지만, 얼레지는 한번 보면 잊을 수 없는 꽃이다. 이름도 특이한데다 꽃 생김새도 꽃잎을 뒤로 확 젖힌 것이 파격적이기 때문이다. 얼레지가 꽃잎을 확 젖히는 이유는 곤충들에게 먹을 것이 많다고 광고하기 위한 것이다. 얼레지가 꽃잎을 젖혔을 때 보이는 진한 보라색 삐죽삐죽한 무늬가 바로 꿀이 있다는 사실을 알려주는 안내판이다.

보는 사람마다 다른 느낌, 얼레지

얼레지는 보는 사람에 따라 묘사가 아주 다르다. 김훈은 이 소설에서 "꽃잎을 뒤로 활짝 젖히고 암술이 늘어진 성기의 안쪽을 당돌하게도 열어 보였다"라고 표현했다. 《한국의 야생화》 저자 이유미는 이를 '산골의 수줍은 처녀치고는 파격적인 개방'이라고 했고, 《제비꽃 편

얼레지

지》의 저자 권오분은 '물속을 향해 다이빙하는 수영선수처럼 날렵하게 생겼고, 화려한 것이 압구정동 지나는 세련된 아가씨 같은 꽃'이라 했다. 한성대언어교육원 임소영 책임연구원은 한 기고에서 "온몸을 뒤로 젖히고 한쪽 다리로 얼음을 지치는 피겨 선수를 닮았다"라고 표현했다. 또 어떤 사람은 얼레지가 '고고한 자태를 가졌다'라고 하고, 다른 사람은 '아름다운 여인의 속눈썹을 닮은 꽃'이라고 했다. 꽃말도 질투, 바람난 여인 등으로 다양한데, 어떻든 참 느낌이 다양한 꽃인 것이 분명하다.

서양인들에게는 이 꽃이 개이빨처럼 보인 모양이다. 영어로 얼레지가 'Dog's tooth violet'이니 '개이빨 제비꽃' 정도로 해석할 수 있겠다. 분홍색 꽃잎이 활짝 젖혀졌을 때 보이는 진한 보라색 삐죽삐죽한 무늬가 마치 개이빨처럼 생겼다고 그렇게 붙인 것 같다. 주변에서 흔히 볼 수 있는 서양꽃 중에서는 꽃잎이 뒤로 확 젖혀진 '시클라멘'이 얼레지와 많이 닮았다.

눈이 아프도록 들여다본 꽃들의 풍경

소설 주인공 조연주는 미혼 여성인데, 민통선 안 자등령에 있는 국립수목원에 식물을 기록하는 세밀화가로 취직한다. 수목원 연구실장인 안요한과 사단 본부에서 복무 중인 김민수 중위, 뇌물죄로 수감 생

노루귀

활을 한 후 조용히 생을 마감하는 하급 공무원 출신 아버지, 그런 남편을 멀리하면서 끊임없이 주인공에게 전화를 거는 어머니가 등장한다. 소설은 나를 중심으로 주변 인물들이 살아가는 소소한 일상들을 그리고 있다. 발단-전개-위기-절정-결말로 이어지는 전형적인 소설 구조를 기대한 독자는 이 책을 읽으며 실망할지도 모른다. 청춘 남녀이므로 주인공이 김 중위와 연애라도 한번 하지 않을까 기대를 하게 하지만 손 한번 잡지 않고 끝난다. '존 레논'과 비슷한, 외설적인 이름을 가진 말(馬)이 소품처럼 등장하는데, 어떤 점에서 외설적인지 궁금한 분들은 한번 읽어보기 바란다.

작가는 한 인터뷰에서 이 책에 대해 "인간의 삶이 그렇게 구조적인

너도바람꽃

이야기를 가진 건 아니기에 서사 구조를 억지로 만들고 싶지 않았다" 라며 "시대와 역사의 고통과 아주 아름다운 자연, 그 사이에 끼어 고통스러운 삶을 사는 인간의 가엾은 모습을 그리고자 했다"라고 말했다. 그는 또 "나는 고정된 문체가 없다.《칼의 노래》가 짧고 급한 문체였다면, 이번에는 느리고 설명적인 문체라고 할 수 있다. 이번 작품은 약간의 전환을 시도했고, 주인공이 젊은이여서 행복했다"라고 말했다.

나는 이 소설에서 어떤 꽃들이 등장할까 잔뜩 기대했다. 얼레지는 물론 복수초, 목련, 민들레, 진달래, 수련, 노란어리연꽃, 작약, 패랭이꽃, 도라지꽃, 서어나무 등이 등장했다.

이 소설의 키포인트는 주인공이 이들 꽃들을 세밀화로 그리는 과정이다. '작가의 말'에 나와 있듯이 "풍경의 안쪽에서 말들이 돋아나기를 바라며 눈이 아프도록 들여다본 세상의 풍경"이 치밀하게 담겨 있다.

예를 들면 '꽃잎에 이슬을 매단 채 아침 햇살을 받으면 패랭이꽃은 이파리 끝까지 긴장하면서, 쟁쟁쟁 소리가 날 듯한 기운을 뿜어내는데, 흐린 날 아침에 꽃은 긴장하지 않았다', '아침 햇살은 수련의 어린 잎을 통과해서 물 밑에 닿는다. 수련의 여린 잎맥이 드러나고 잔바람에 흔들리는 물의 음영이 수련 잎에 비쳤다. 해가 좀 더 올라와서 수련 잎의 그림자가 물 밑으로 내려앉을 때, 꽃은 열린다'라는 식이다.

봄꽃의 선봉대 얼레지·노루귀·너도바람꽃

《내 젊은 날의 숲》에 나오는 얼레지를 원 없이 본 것은 2005년 3월 말 경기도 가평 화야산에서였다. 화야산은 아마 전국에서 얼레지가 가장 큰 군락을 이룬 곳이 아닐까 싶다. 그해 첫 '야사모(야생화를 사랑하는 사람들의 모임)' 탐방을 화야산으로 갔다.

3월 말이면 아직 목련, 개나리도 피지 않은 시기인데 무슨 야생화 탐방이냐는 사람도 있을 것이다. 그러나 3월말 서울 주변 천마산, 화야산, 축령산 등에 가면 노루귀, 얼레지, 너도바람꽃, 괭이눈 등 꽃이 핀 것을 볼 수 있다. 중부지방에서 가장 일찍 피는 봄꽃은 개나리, 진달래가 아니라 얼레지 등인 것이다.

산에 오르기 전, 야사모 '고수'님들은 군락지 낙엽 아래마다 싹이 있을 수 있으니 "발길을 옮길 때마다 조심하라"라고 했다. 그런 현장을 본 적이 없어서 실감이 나지 않았지만, 곧 무슨 말인지 알 수 있었다.

작은 암자인 운곡암을 지나 조금 더 올라가자 드디어 얼레지 군락지가 나타났다. 얼레지는 아직 좀 일러 잎은 나왔지만, 꽃은 벌어지기 직전이었다. 사람들은 그중 꽃대라도 올라온 얼레지를 찾아 사진에 담느라 바빴다.

야생 상태에서 얼레지는 이때 처음 보았다. 한 회원은 눈 닿는 곳마다 삐죽 나오는 얼레지 싹을 보고 "어디를 밟아야 할지 모르겠어요. 난감해서 원……"이라고 말했다. 한 고수님은 "바위를 밟고 다녀라"라고 알려주었다. 얼레지는 구름이 끼거나 추우면 꽃잎을 뒤로 젖히지 않는다. 따뜻한 낮이어야 곤충들이 꿀을 구하러 돌아다닌다는 사실을 용케도 알고 있는 것이다. 한번은 꽃이 뒤로 젖혀지기를 한참 기다리다가 답답해 꽃을 손톱으로 한 대 때렸더니 신기하게도 꽃잎이 뒤로 젖혀졌다. 함께 간 우리 딸은 "두드려야 열리는 것 같아요"라고 말했다.

개울을 따라 15분쯤 올라갔을 때, 양지바른 곳에서 앞서 간 회원들이 사진을 찍는 것이 보였다. 너도바람꽃이었는데, 생각보다 개체가 작았고 연약해 보였다. 키가 한 5~6센티미터나 될까. 주위를 살펴보니 가느다란 꽃대를 올리고 약간의 바람에도 흔들리는 너도바람꽃이 지천으로 피어 있었다. 야생화는 이상하게도 안보이다가도 한번 보이기 시작하면 주변에 널려 있는 광경을 발견할 수 있다. 개별꽃이라고, 봄에 산 주변에서 피는 꽃이 있다. 북한산에 몇 년을 다녔지만, 그 꽃을 알기 전에는 보이지 않았다. 그러나 한번 보이니, '그전엔 왜 보이지 않았을까' 정말 신기할 정도로 그 꽃이 많이 보였다.

노루귀는 흔히 분홍색 꽃을 피운다. 그런데 화야산 노루귀는 분홍색은 오히려 드물고 흰색과 보라색이 더 많았다. 노루귀가 때로는 홀로, 때로는 서너 송이가 묶음으로 또는 줄지어 피어 있었다.

회원들은 쪼그린 자세, 엎드린 자세, 무릎 꿇은 자세, 고개만 푹 숙인 자세 등 다양한 자세로 사진을 찍었다. 한 여성 회원은 노루귀밭에서 옷에 흙이 묻는 것도 아랑곳하지 않고 한참 누워서 초점을 맞추다가 '지쳐 쓰러진 줄 알았다'라는 놀림을 받았다.

몇 사람과 함께 정상 부근까지 올랐는데, 운 좋게도 딱 한 송이 피어있는 '꿩의바람꽃' 사진을 찍을 수 있었다. 꿩의바람꽃은 바람꽃 중에서 가장 크고 화려한 꽃이다. 따스한 햇볕, 부드러운 바람 속에서 봄꽃의 선봉대인 얼레지와 노루귀, 너도바람꽃을 정말 원 없이 본 하루였다.

얼레지
노루귀
너도바람꽃

봄소식을 제일 먼저 전하는 꽃들

얼레지

얼레지는 비교적 높은 산의 숲 속에서 자라는 백합과 여러해살이풀이다. 이른 봄에 꽃대가 올라오면서 자주색 꽃 한 개가 밑으로 숙이고 피는데, 꽃잎은 뒤로 확 젖혀져 있다. 얼레지라는 이름은 녹색 이파리 여기저기에 자줏빛 얼룩이 있어서 붙은 이름이다. 강원도에서는 잎을 나물로 먹기도 하는데, 시큼한 맛이 입맛을 돋운다고 한다. 그러나 충분히 우려내고 먹지 않으면 심한 설사를 할 수도 있다고 하니 주의가 필요하다. 뿌리에 녹말가루가 많이 들어 있어 예전에는 구황식물로 쓰였다.

노루귀

노루귀는 숲 속에서 자라는 미나리아재비과 여러해살이풀이다. 3~4월 잎이 나기 전에 먼저 꽃줄기가 올라와 끝마다 앙증맞은 꽃이 한 송이씩 하늘을 향해 핀다. 꽃색은 흰색, 분홍색, 보라색 등이다. 귀여운 이름은 깔때기처럼 말려서 나오는 잎 모양, 꽃싸개 잎과 줄기에 털이 많이 난 모양이 꼭 노루의 귀 같다고 붙여진 이름이다.

너도바람꽃

너도바람꽃은 산지의 반그늘에서 자라는 식물이다. 이른 봄 5~10센티미터 높이의 꽃대가 나와 그 끝에 흰색 꽃이 한 송이씩 달린다. 꽃 크기는 2센티미터 정도. 꽃대가 연약해 조금만 바람이 불어도 흔들린다. 만주바람꽃, 변산바람꽃, 꿩의바람꽃, 홀아비바람꽃도 있고, 여름에 피는 그냥 바람꽃도 있다. '바람꽃'이라는 이름은 가는 바람에도 흔들리는 여린 꽃대를 갖고 있어 붙여진 것 같다.

공선옥 《영란》
사랑과 치유의 유달산 측백나무 숲

> "
> 무엇보다 산동네 가운데 있는
> 거대한 측백나무 숲에서 불어오는 바람에서
> 진한 향기가 났다. 정섭은 그 향기를 흠향하듯
> 가슴 깊이 들이마셨다.
> "

목포에 간 건 순전히 공선옥(1963년생)의 장편소설 《영란》에 나오는 유달산 측백나무 숲을 보기 위해서였다. 12월 중순 토요일 아침, 목포행 고속버스에 올랐다. 소설에서 거대한 측백나무 숲은 대반동 산동네 가운데에 있다고 했다.

그리고, 지금 이곳 목포 대반동 산동네에 바람은 사방에서 불어온다. 무엇보다 산동네 가운데 있는 거대한 측백나무 숲에서 불어오는 바람에서 진한 향기가 났다. 정섭은 그 향기를 흠향하듯 가슴 깊이 들이마셨다. 그러고 있으면 이윽고 진창인 제 속이 뽀송뽀송해질 것만 같았다. 측백나무 숲 속에서 유달산 쪽으로 조그만 오솔길이 숨어 있었다.

모란은 한 번도 뒤를 돌아보지 않고 사뿐사뿐, 측백나무 숲길 너머로 갔다. 모란이 입은 연두색 치맛자락이 측백나무 숲길 언덕을 내려갈 때, 정섭은 문득 모란이 연두색 배추나비 같다고 생각했다. 배추나비 한 마리가 이제 방금, 측백나무 언덕을 춤추며 내려갔다고.

완규는 어떤 날은 하루 종일 측백나무 숲 속에서 시간을 보내기도 했다. 정섭은 완규의 맑고 선한 눈에서 뭔가를 상실해본 사람의 깊은 상처가 어려 있음을 보았다. 그러니, 그가 측백나무 숲 속을 미친 듯이 내달려 숨은 길을 통해 유달산 꼭대기까지 달려가는 것을 이해했으며, 그렇게 달려가서 그가 울음을 대신해서 포효하는 것도 이해했다.

　　모란이 사랑한 장인복은 목포를 떠나면서 "공생원을 떠난 지 십 년 만에 돌아온 이곳에 아직도 측백나무 숲이 그대로인 것을 보고 얼마나 기뻤는지 모른다. 숨을 들이켜고 내쉴 때마다 약처럼 내 가슴에 '도포'되는 것 같았던 숲 냄새"라는 편지를 남겼다. 그 약처럼 가슴에 바르는 것 같은 숲 냄새를 한번 맡고 싶었다.

따뜻하고 정겨운 소설, 《영란》

소설 《영란》은 정겹다. 읽고 나면 따뜻하고 푸근한 느낌이 든다. 분위기가 어둡거나 읽고 나면 마음이 착 가라앉는 경우가 많은 다른 소설들과는 분명히 다르다.

주인공인 '나'는 간호조무사로 일하다 출판사를 하는 남편과 만나 해마다 장미꽃이 피는 집에서 행복하게 살았다. 그러나 아들이 물놀이 사고로 죽고, 눈물이 채 마르기도 전에 남편까지 교통사고로 세상을 떠난다. '나'는 텅 빈 집에서 빵과 막걸리로 배를 채우며 초점 없는 눈으로 하루하루를 보낸다.

그러다 남편 출판사에서 책을 낸 작가 이정섭을 만난다. 그는 자신이 외도한 탓에 이혼하고 아내와 딸을 독일로 보낸 처지였다. 정섭은 홀로 남은 주인공 영란이 남 같지 않다. 갑작스럽게 친구 부음을 들은 그는 주인공을 데리고 목포로 향한다.

주인공은 무심결에 목포의 '영란여관'에 묵고, 거기서 '울게 가만두고', '암 소리 묻지도 않지만' 정을 주는 사람들을 만나면서 기운을 찾아간다. 영란여관 할머니는 무심한 듯하지만 주인공에게 "그럼 여그서 그냥 우리랑 살자"라며 '영란'이라는 이름을 지어준다. 홀아버지 밑에서 자란 수옥, 주인공을 무척 좋아하는 완규, 그의 여덟 살짜리 조카 수한, 수퍼 주인 조인자 등도 따뜻한 마음으로 주인공이 상처를 치유하고 삶의 의지를 되찾게 해준다.

목포는 정섭에게도 다시 살아갈 힘을 불어넣는 곳이다. 정섭 역시 목포에 내려와 '임자도 간첩단 사건'때 친구를 지키지 못한 죄책감 속에서 한평생 살아온 정영술 선생, 지고지순한 청각장애인 모란, 딸을 묵묵히 돌보는 모란의 아버지 진생, 남도 사나이 완규 등을 만나면서 가정을 잃은 아픔에서 조금씩 벗어난다.

소설은 이처럼 슬픔에 잠긴 사람들이 어떻게 그것을 딛고 다시 살아갈 힘을 얻는지를 따뜻하게 그리고 있다. 공선옥은 우리 사회의 소외된 이웃, 특히 여성들의 끈질긴 생명력을 생동감 있게 표현하는 작가라는 평을 받는데, 《영란》도 그런 평가에 딱 들어맞는 소설인 것 같다. 작가는 '저자와의 만남' 행사에서 "《영란》이 지금까지 썼던 소설 중에 가장 따뜻한 것 같다"고 말했다.

영란은 장미, 정섭은 측백나무

이 소설에는 장미, 채송화, 수국, 목련, 석류 등 다양한 꽃들이 등장

유달산 측백나무 숲 전경

장성 편백나무 숲

하고 있다. 이중 치유의 중심에 있는 것은 장미와 측백나무 숲이다. 영란을 치유하는 꽃은 장미다. 영란은 남편과 아이가 살아 있던 행복한 시절, 서울 인왕산 아래 장미 향이 가득한 집에서 살았다. '장미꽃이 피면 세상이 온통 불을 켠 듯이 환하게' 느껴졌다. 목포에서 음식점 '영란집'을 개업한 다음에도 마당에 덩굴장미 두 그루를 담장 밑에 심는다. 그러면서 장미가 활짝 꽃을 피우는 훗날에 옛집 장미와 그 장미 그늘 아래서의 사랑, 그 사랑들과의 이별을 말할 수 있기를 바라는 것이다.

정섭의 이야기는 유달산 측백나무 숲을 배경으로 이루어지고 있다. 측백나무 숲은 정섭이 영란을 떠올리며 걷는 길이고, 정섭에게 다시 일어설 힘을 주는 치유의 숲이다. 측백나무 숲은 사랑의 숲이기도 하다. 7가 만니는 사람들, 그러니까 청각장애인 모란과 고아 장인복, 뜨거운 남도 사나이 완규와 모란은 측백나무 숲길을 오가며 사랑을 나눈다.

신안비치호텔 바로 뒤에 장인복이 자란 복지시설 공생원이 있었고, 그 뒤가 소설 속 정섭이 지낸 대반동 산동네였다. 측백나무 숲은 소설처럼 대반동 가운데가 아니라 대반동길 꼭대기에 있는 부광상회 너머에 있었다. 부광상회는 소설 속 모란과 진생이 사는 모란통닭집 모델

유달산 정상에서 바라본 측백나무 숲. 가운데 녹색 부분이 측백나무 숲이고, 왼쪽이 영란이 산 서산동·유달동 일대. 오른쪽으로 보이기 시작하는 부분이 정섭이 산 대반동이다. 오른쪽 끝 파란 지붕 집이 모란통닭집 모델인 부광상회다.

이다. 측백나무 숲은 거대한 정도는 아니었다. 수십 그루 있는 정도여서 숲이라고 하기에는 좀 작은 편이었다. 그러나 바람이 불어오자 촉촉한 흙내음과 함께 진한 측백나무 향기가 밀려들었다. 숲 저편에서 금방이라도 모란이 배추나비인듯 연두색 치마를 입고 나타날 것 같았다. 혹시라도 모란 비슷하게 생긴 처녀가 있나 부광상회도 살펴보았지만, 낮인데도 문이 굳게 잠겨 있었다.

부광상회 샛길을 따라 유달산 정상에 오르니 유달산 오른쪽 대반동과 왼쪽 서산동·유달동 등이 한눈에 들어온다. 유달산을 사이에 두고 정섭은 대반동에, 영란은 서산동 쪽에 살았다. 소설 초반 정섭의 등장이후 영란과 정섭이 맺어지리라고 예상하기 쉽다. 그러나 둘은 목포에 도착하자마자 떨어져 각자의 삶을 살아가고, 두 사람의 재회를 암시하는 것으로 이야기가 끝난다.

목포에 갔는데 소설에 그렇게 맛있다고 나오는 병어찜을 안 먹고 올 수 없었다. 온금동 바닷가 횟집에서 병어찜을 시켰다. 영란과 인자가 차린 음식점 '영란집'처럼 허름한 집이었다. 그러나 감자, 고사리, 토란대를 넣고 고춧가루를 담뿍 넣은 병어찜은 정말 입에서 살살 녹았다.

이 소설의 백미 중 하나는 남도의 구수한 사투리다.

"인자 포도시 이틀째 났는디 못해도 열흘은 배아지가 터지도록 묵어야제……."(비금이댁이 길에서 주워온 강아지에게 연신 밥을 주며), "워미 워미, 짠한 것!"(인지가 새끼를 뱄지만 먹을 것이 없어 배곯은 고양이를 보고), "악아. 뭣 묵고 잡냐?"(진생이 실연한 딸 모란을 위로하며 아코디언을 연주한 다음 묻는 말), "집이가 뭣인디, 넘의 물건에 손을 대요? 인자 봤더니 도둑 년이그마안."(영란이 마당 쓰레기를 치우자 치매에 걸린 인자네 엄마가 하는 말) 등은 어릴적 많이 듣던 정겨운 표현들이다.

세상일이 《영란》에서처럼 상처를 치유하는 쪽으로만 가는 것은 아닐 것이다. 이 때문에 대부분의 소설은 읽고 나면 마음이 착 가라앉을

지도 모른다. 그래서 주인공들이 상처를 치유해나가고, 읽고 나면 마음이 따뜻해지는 소설《영란》이 더욱 소중한 것 같다.

측백나무 편백나무

잎 앞뒤가 같은 군자의 나무

측백나무

편백나무

측백나무는 잎이 옆으로 납작하게 자란다고 측백(側柏)이라는 이름이 붙었다. 잎은 마치 손바닥을 펼친 모양인데, 앞뒤 색깔과 모양이 거의 같아 앞뒤가 없는 나무, 겉 다르고 속 다르지 않은 군자의 나무라고 불렀다.

측백나무 학명은 'Thuja orientalis'다. 'Thuja'는 수지(식물이 분비하는 액체)란 뜻이다. 측백나무과 나무들은 모두 향기가 있는 수지를 갖고 있다. 좋은 수형(樹形)을 이루기 때문에 관상용으로도 많이 심는다. 옛날에는 관을 만드는 나무로 중요하게 여겼다.

서울 삼청동 총리공관 뜰에는 잘 자란 측백나무(천연기념물 255호)의 전형이 있다. 한명숙 총리 시절에 공관에 간 김에 이 나무를 본 적이 있다. 높이가 약 11미터, 둘레가 2.3미터에 이르는 큰 나무다. 조선 후기 현 위치에 태화궁을 지을 때 옮겨 심은 것으로, 수령(樹齡)은 300년 정도로 추정하고 있다.

비슷하게 생긴 나무로는 일본에서 들여와 심은 편백나무와 화백나무가 있다. 편백나무는 침엽수 중에서 피톤치드를 가장 많이 방출하는 나무로 알려져 있다. 대부분의 책에 이 세 나무를 구분하는 방법으로 비늘잎 포개지는 모양을 들고 있다. 측백나무는 비늘잎이 W형, 화백나무는 X형, 편백나무는 Y형으로 포개져 있다는 것이다. 그러나 글자 형태가 작고 불확실해 비늘잎으로 나무를 구분하는 것은 쉽지 않다. 가장 쉬운 구분법은 다음과 같다. 잎의 앞면과 뒷면 색깔·모양이 같으면 측백, 뒷면에 Y자 모양의 흰색 선이 있으면 편백, 뒷면이 흰가루를 뿌린 듯하고 잎끝이 뾰족하면 화백으로 보는 것이다.

에 필 로 그   정이현 〈삼풍백화점〉 터트리지 못한 꽃잎, 개나리

꽃과 문학은 환상적인 마리아주

잊을 수 없는 그날의 기억

"빨리 복귀해 현장으로 가!"

캡(사건기자들을 지휘하는 고참기자)은 공중전화기에서 숨넘어가는 목소리로 이렇게 지시했다. 삼풍백화점 붕괴 사고 때 나는 사회부 사건기자였다. 그날 나는 차를 몰고 동해안으로 향하고 있었다. 당시 6·27지방선거가 막 끝나 휴가를 얻어 점심 무렵까지 늘어지게 자다가 뒤늦게 출발한 터였다.

그런데 오후 6시를 넘어서면서 라디오에서 삼풍백화점이 무너졌다는 '이상한 소식'을 전하기 시작했다. 라디오만 듣고는 백화점이 어떻게 무너졌다는 것인지 도통 이해할 수 없었다. 영동고속도로 속사휴게소에

들러 텔레비전을 보니 분홍색 거대한 건물 중간 부분이 폭삭 주저앉아 연기를 내뿜고 있었다. 남은 한쪽 벽면도 위태롭게 흔들리는 듯했다.

그렇게 해서 20일 정도 삼풍백화점 붕괴 현장에서 살았다. 유족들이 모여 있는 서울교대 체육관, 사망자나 생존자가 실려간 강남성모병원 응급실, 인근 삼풍·삼호가든 아파트 등을 돌며 사건과 관련한 사연들을 취재했다. 사고 당시 두 살짜리 딸을 살려보려고 유모차를 안고 숨진 엄마의 사연, 일부 매장에서 세일 전에 좋은 물건을 고를 기회를 주는 '사전 세일'을 하면서 단골들을 불러 피해가 컸다는 사연 (《삼풍 죽음의 쇼핑 초대》 기사) 등을 취재해 썼다.

가장 기억에 남는 일은 붕괴 13일 만에 구조된 유지환 양을 취재한 것이다. 500여 명이 사망하는 어이없는 붕괴 사고에 의기소침해 있던 국민들은 11일 만에 최명석(당시 21세) 군이, 13일 만에 유지환(당시 18세) 양이 구조되자 열광했다. 이어서 17일 만에 박승현(당시 20세)양까지 구조되자 세 젊은이는 금세 '국민적인 영웅'으로 떠올랐다. 세 명 모두 백화점 직원 또는 아르바이트생이었다.

유지환 양이 구조된 날 오후, 서울 강북구 유 양 집에 가 보니 이미 타사 기자들이 쓸 만한 사진들을 쓸어간 상태였다. 남은 사진 중에서 겨우 몇 장을 챙겨 나오다 유 양 오빠에게 "혹시 일기나 편지 같은 것 있느냐"라고 물었다. 오빠는 잠시 망설이다가 "좋은 얘기만 쓸거죠?"

라는 단서를 달아 장롱 위에서 유 양 일기장과 편지를 꺼내주었다. 지금 생각하면 아무리 국민적 영웅이라고 해도 지극히 사적인 기록인 일기를, 그것도 본인 동의도 없이 본다는 것은 있을 수 없는 일이다. 그러나 당시는 그것도 용인하는 분위기였다.

일기장 몇 권과 부모에게 보낸 편지 등을 들고 와 '유지환 양의 일기장을 보니 효심과 강인한 의지, 낙천적인 성격 등을 고루 갖춘 건강한 신세대였다'라는 기사를 사회면 톱으로 썼다. 마지막 문장은 '유 양의 편지와 일기, 그것은 청순한 18세 소녀가 쓴 아름다운 시(詩)들이었다'로 끝났다.

1990년대 슬픈 자화상, 소설 〈삼풍백화점〉

1995년 6월 29일, 서울 서초동 삼풍백화점 건물이 무너졌다. 이 사고로 502명이 사망하고 937명이 부상을 당했다. 한국전쟁 이후 최대 참사였다.

세월이 흐르면서 이 붕괴 사고를 다룬 소설도 여러 편 등장했다. 삼풍백화점을 다룬 소설 중에서는 정이현의 단편 〈삼풍백화점〉이 가장 느낌이 와 닿는 소설이었다.

작가의 모습임이 분명한 주인공은 취직도 하지 못하고 남자친구도 만들지 못한 채 대학 졸업을 맞는다. 그렇지만 삼풍백화점에서 5분거리에 살고 '비교적 온화한 중도우파의 부모, 슈퍼 싱글 사이즈의 깨끗한 침대, 반투명한 초록색 모토로라 호출기와 네 개의 핸드백 등' 많은 것을 가진 강남 아가씨다.

친구 R은 강북에 있는 여고의 동창으로, 대학에 진학하지 않고 바로 백화점 점원으로 취직했다. R은 여고 옆 골목길을 미로처럼 들어가 안채 옆으로 길게 뻗은 시멘트 계단을 올라가는 집에서 혼자 사는 여성이다.

이 둘은 우연히 삼풍백화점 매장에서 만난다. 취업 준비로 도서관에 다니며 시간을 보내던 주인공은 R과 많은 시간을 보내며 급속도로 친해진다. 주인공이 R을 찾아갔다가 만나지 못하고 집에 돌아온 직후 삼풍백화점이 무너진다.

며칠 뒤 신문에 사망자와 실종자 명단이 실렸지만, 주인공은 그것을 읽지 않는다. 그 뒤 R에게서는 한 번도 연락이 오지 않았다. 한 여성 명사가 신문에 쓴 '삼풍백화점 붕괴는 대한민국이 사치와 향락에 물드는 것을 경계하는 하늘의 뜻일지도 모른다'는 칼럼을 읽고 신문사에 "그 여자가 거기 누가 있는지 안대요?"라고 항의전화를 거는 것으로 보아 친구 R이 사망했음을 짐작할 수 있다. 그리고 10년 후 주인공은 싸이월드에서 R과 이름과 나이가 같은 사람들 미니홈피를 보다가 R과 닮은 꼬마를 발견하고 그 아이가 R의 딸이기를 진심으로 바란다.

소설가 박완서는 생전에 이 작품에 대해 "오백여 명이라는 숫자로 집단화된 죽음 중에서 아무도 모르게 죽어간 한 아가씨의 죽음을, 그녀의 생애는 아무하고도 바꿔치기하거나 헷갈릴 수 없는 아름답고 고유한 단 하나의 세계였다는 걸 치밀하고도 웅숭깊은 시선으로 그려내고 있다"라고 평했다. 서태지, 삐삐, 시인 기형도, 핸드백, 립스틱 등 1990년대 중반 20대 아가씨들의 문화를 물씬 느낄 수 있는 것도 이 소설의 장점이다.

그리고 못다 한 〈삼풍백화점〉, 꽃 이야기

정이현은 2002년 단편 〈낭만적 사랑과 사회〉로 데뷔해 2006년 장편 《달콤한 나의 도시》로 스타 작가의 반열에 올랐다. 2012년엔 스위스 출신의 베스트셀러 작가 알랭 드 보통과 공동 기획 소설 《사랑의 기초》를 내기도 했다. 현대 젊은이들의 삶과 사랑을 감각적이고 도시적인 감수성으로 잘 풀어내는 작가라는 평을 받고 있다.

문제는 소설에서 야생화를 찾은 것이었다. 나는 이 소설을 네댓 번이나 읽었다. 그리고 다음 대목을 주시했다.

> 남산 순환도로의 개나리들이 하나둘 망울을 터트리는 중이었다. 가로등 불빛에 어룽거려서 개나리 빛이 얼마큼 샛노란지

알아볼 수 없었다. 개나리가 아니라 진달래였는지도 모른다. 그러고 보니 대낮의 햇빛 아래서 R의 얼굴을 본 적이 없다.

소설에서 주인공이 사고가 나기 전 봄에 친구 R의 집에서 놀다가 돌아오는 장면이다. 그런데 아무리 읽어보아도 내가 정한 기준에 맞지 않았다. 야생화가 주요 소재 또는 이미지로 쓰여야 했다. 그걸 소개하면서 그 야생화에 관한 이야기, 내가 그 야생화를 통해 경험한 것들을 담는 것이 이 책의 콘셉트였다. 그런데 개나리와 진달래가 등장하지만 그냥 스쳐 지나가는 장면 아닌가. 그동안 숱한 밤을 고민하며 지켜온 원칙대로 하면 이 소설도 버려야 할 처지였다.

더구나 삼풍백화점 사고는 6월 말에 발생했기 때문에 개나리는 시기적으로 맞지 않았다. 삼풍백화점도 분홍색이었고, 삼풍백화점 점원들도 분홍색 유니폼을 입었는데, 진달래의 분홍색 이미지와 연결해볼까? 그러나 진달래 역시 봄에 피는 꽃이다.

나는 다시 한 번 소설을 읽었다. 이번에는 향나무가 나오는 대목을 뚫어져라 바라보았다.

어떤 날엔 도서관 오른쪽으로 방향을 잡아 서초역 사거리의 향나무를 지났고, 또 어떤 날엔 도서관에서 길을 건너 강남성

모병원을 가로질렀다.

　식물이 나오는 것은 딱 이 두 대목밖에 없었다. 작가가 6월 말에 많이 피는 원추리나 참나리를 이미지화했으면 얼마나 좋았을까. 특히 무너진 더미에 원추리나 참나리가 훼손당한 장면이면 금상첨화일 텐데. 원추리나 참나리가 아니더라도, 도시 화단에 흔한 맥문동이나 옥잠화, 비비추, 회양목이라도 꺾였으면 좋았을 텐데 왜 이렇게 야생화에 대해, 식물에 관해 관심을 두지 않았을까.
　정이현만이 아니었다. 김승옥의 〈무진기행〉도 네댓 번 읽었지만 식물이라곤 포플러나무밖에 나오지 않았다. 그것도 그냥 스쳐 지나갔다. 최인훈의《광장》, 황석영의 〈삼포로 가는 길〉과《바리데기》, 이문열의 〈우리들의 일그러진 영웅〉, 오영수의 〈갯마을〉, 양귀자의 〈한계령〉과《원미동사람들》등도 꼭 쓰고 싶었지만 마땅한 식물이 나오지 않아 포기한 소설들이다. 은희경과 성석제의 소설도 하나씩 넣고 싶었지만 맞는 꽃을 찾지 못했다. 현기영의 〈순이삼촌〉은 4·3사건에 대해 쓰고 싶은 말들이 많아 꼭 목록에 넣고 싶었지만 역시 대표적인 식물이 나오지 않았다. 한라구절초 같은 제주도 특산식물을 주요 소재로 삼거나 이미지화했으면 좋았을 것이다. 반면 꽃에 대한 의욕이 지나쳤는지, 단편 하나에 수십 개의 꽃 이름을 넣어 독자들이 소화불

량 걸리게 만드는 유명 소설가도 있었다. 이런 관점에서 소설을 읽다 보니 꽃에 대한 작가들의 관심 정도와 일정한 패턴이 보이기도 했다.

'그래도 개나리가 나오잖아. 개나리를 소재로 삼으면서 고민한 사연을 써주면 어떨까?' '아냐, 그건 내가 정한 원칙에 맞지 않는데……' 고민을 거듭하다 결국 소설 속에서 야생화를 찾아 글을 써가는 과정을 보이는 것도 의미 있겠다는 생각을 핑계로, 〈삼풍백화점〉만큼은 원칙을 잠깐 양보하고 에필로그를 빌려 책에 넣기로 했다.

꽃은 문학을 더욱 풍성하게 하고, 문학은 꽃의 '빛깔과 향기'를 더욱 진하게 할 것이다. 그런 점에서 꽃과 문학만큼 잘 어울리는 환상적인 마리아주(Mariage · 결혼 또는 결합을 의미하는 프랑스어)도 없는 것 같다. 작가들이 꽃에 더 관심을 가지면 그만큼 더 우리 문학이 아름다워질 것이나.

2013년 봄
김민철

추천사

†

　소쩍새와 쑥꾹새와 뻐꾹새를 구분하지 못하는 시와 소설들이 있다. 봄에 피는 꽃을 가을에 피워놓은 수필도 있다. 소쩍새를 겨울에도 울게 하는 영화, 연인에게 해당화 꽃을 꺾어주었다는 남자는 다 거짓말쟁이이다.

　사실을 아무렇지 않게 왜곡하는 시와 소설들을 보면 금세 맥이 풀린다. 제철을 잘못 찾은 한 송이 꽃이 작품 전체를 거짓으로 만든다.

　나는 책을 읽으면서 이런 글들을 많이 보아왔다. 아무도 나서서 사실을 바로잡으려 들지 않는다. '말하면 뭐해' 하며 그냥 읽고 넘어가는 것이다. 그러나《문학 속에 핀 꽃들》은 '그건 아니다'라며 우리나라 산천에 꽃피는 철을 바로 찾아주고 있다. 꽃을 통해 소설에 접근한 책은 처음 보았다. 좋은 책이다.

시인 김용택

†

세상에는 하고많은 꽃들이 피었다 진다.《문학 속에 핀 꽃들》을 읽으며 그 하고많은 꽃들이 우리 소설 속에 그대로 들어 있었음을 새삼 깨닫는다. 지금껏 아무도, 말 못하는 그 꽃들에게 주목하지 않았다는 것도…….

이제 이 책을 읽고 난 독자들은 소설 속 인물 곁에 묵묵히 피었다 지는 능소화와 산수유, 얼레지와 처녀치마꽃을 예전처럼 무심코 지나치지 못할 것이다. 문학작품을 새로운 눈으로 읽어내려는 시도가 반갑고 고맙다.

소설가 정이현

†

기자가 꽃에 얽힌 소설을 취재한 것을 보고 새삼 놀랐다. 꽃과 얽힌 소설이 이렇게 많은 줄도 이번에 알았다. 소설 내용도 흥미롭지만 갖가지 꽃을 이해할 수 있는 기회를 내놓은 것 같아 반갑다.

꽃과 나무, 풀들은 지역마다 이명(異名)에서 오는 혼동이 있다.

김유정의 〈동백꽃〉에서 생강나무에 대한 혼동을 명쾌하고 쉽게 풀어준 것은 책을 읽는 독자들에게 큰 선물이다. 강원 지방에서는 생강나무의 씨로 기름을 짜서 동백기름과 같은 용도로 써서 생강나무를 동백나무, 개동백나무라 불렀다. 또 산수유는 이른 봄 생강나무와 같은 시기에 같은 노란색 꽃을 피워 아직도 많은 사람들이 산수유를 생강나무로 알고 있다. 저자는 이 두 가지 차이를 명확하게 설명하고 있다.

하루가 25시간이라도 모자란다는 기자가 귀여운 두 딸을 데리고 높은 산까지 올라가 꽃을 알려주는 모습이 너무 아름답다. 그 열정 덕분에 딸들은 계절에 맞추어 피고 지는 야생화들을 깊이 이해했을 것이다. 훗날 어른이 되면 인성교육 차원에서도 천금 같은 기회였음을 깨달으리라.

《문학 속에 핀 꽃들》을 통해 많은 독자들은 소설도 흥미롭게 읽으면서 꽃과 나무, 풀 등을 정확하게 이해할 수 있는 기회를 가질 것 같다.

한국야생화연구소장 김태정

†

어린 시절 여기저기 피어난 샐비어, 담을 기어오르며 얼굴을 내밀던 나팔꽃, 탐스런 해당화, 오도독오도독 깨물었던 꽈리, 화사한 능소화,

배롱나무……. 엄마, 오누이, 친구의 따스하기도 하고 슬프기도 한 추억이 얽힌 야생화들을 어찌 잊을 수 있겠는가.

  야생화에 소설과 개인의 체험을 가미한 필자의 착상이 훌륭하다. 중고생 필독서인 소설이 많아 학생들이 이 책을 읽으면 소설을 다시 돌아보면서 자연스럽게 야생화도 배울 것 같다. 중고생 등 학생들과 젊은 세대들이 이 책을 읽고 우리 소설과 야생화에 대한 애정을 키우기 바란다.

서울중등국어교과교육연구회 회장(서울 당산중 교장) 이한숙

도 서 목 록

1. 꽃, 향기에 취하다

1 _ 김유정 저, 《김유정 단편선 동백꽃》, 문학과지성사(2005)
2 _ 조세희 저, 《난장이가 쏘아올린 작은 공》, 이성과 힘(2000)
3 _ 이금이 저, 《너도 하늘말나리야》, 푸른책들(2007)
4 _ 황선미 저, 《마당을 나온 암탉》, 사계절(2000)
5 _ 정채봉 저, 《오세암》, 샘터(2006)
6 _ 박범신 저, 《은교》, 문학동네(2010)
7 _ 김유정 저, 《김유정 단편선 동백꽃》, 문학과지성사(2005)
8 _ 권여선 저, 《처녀치마》, 이룸(2004)

2. 꽃, 마음에 묻다

1 _ 황순원 저, 《소나기》, 맑은소리(2010)
2 _ 황석영 저, 《아우를 위하여》, 휴이넘(2007)
3 _ 윤대녕 저, 《많은 별들이 한곳으로 흘러갔다》, 문학동네(2010)
　　신경림 편저, 《갈대는 속으로 조용히 울고 있었다》, 글로세움(2007)
4 _ 이미륵 저, 《압록강은 흐른다》, 다림(2010)
　　박완서 저, 《그 여자네 집》, 문학동네(2006)
5 _ 이문구 저, 《관촌수필》, 문학과지성사(1977)
6 _ 공지영 저, 《봉순이 언니》, 오픈하우스(2010)
7 _ 신경숙 저, 《엄마를 부탁해》, 창비(2008)
8 _ 이승우 저, 《식물들의 사생활》, 문학동네(2000)

3. 꽃, 세상에 맞서다

1 _ 김정한 외 저, 《모래톱 이야기 외》, 푸른사상(2007)
　　신경림 저, 《신경림 시전집 1》, 창비(2004)
2 _ 윤흥길 저, 《기억 속의 들꽃》, 민음사(1980)
3 _ 강석경 저, 《숲 속의 방》, 민음사(2009)
4 _ 최명희 저, 《혼불》, 매안출판사(2009)
5 _ 김훈 저, 《칼의 노래》, 문학동네(2012)
6 _ 박완서 저, 《아주 오래된 농담》, 실천문학사(2011)
7 _ 김주영 저, 《홍어》, 문이당(2010)
8 _ 이문열 저, 《선택》, 민음사(1997)
9 _ 정유정 저, 《7년의 밤》, 은행나무(2011)
10 _ 조정래 저, 《허수아비춤》, 문학의문학(2010)

4. 꽃, 삶을 만나다

1 _ 문순태 저, 《철쭉제》, 고려원(1990)
2 _ 박경리 저, 《토지》, 마로니에북스(2012)
3 _ 조정래 저, 《태백산맥》, 해냄(2007)
4 _ 김영하 저, 《검은 꽃》, 문학동네(2010)
5 _ 김훈 저, 《내 젊은 날의 숲》, 문학동네(2010)
6 _ 공선옥 저, 《영란》, 뿔(2010)

에필로그

정이현 저, 《제51회 현대문학상 수상수설집 삼풍백화점》, 현대문학(2005)

문학 속에 핀 꽃들

1판 1쇄 발행 2013년 3월 22일
1판 7쇄 발행 2020년 6월 15일

지은이 김민철
펴낸이 김성구

단행본부 류현수 고혁 현미나
디자인 이영민
제 작 신태섭
마케팅 최윤호 나길훈 김민지
관 리 노신영

펴낸곳 ㈜샘터사
등 록 2001년 10월 15일 제1-2923호
주 소 서울시 종로구 창경궁로35길 26 2층 (03076)
전 화 02-763-8965(단행본팀) 02-763-8966(영업마케팅부)
팩 스 02-3672-1873 **이메일** book@isamtoh.com **홈페이지** www.isamtoh.com

ⓒ 김민철, 2013, Printed in Korea.

이 책은 저작권법에 따라 보호를 받는 저작물이므로 무단 전재와 복제를 금지하며,
이 책의 내용의 전부 또는 일부를 이용하려면 반드시 저작권자와 ㈜샘터사의 서면 동의를 받아야 합니다.

ISBN 978-89-464-1838-7 03810

이 도서의 국립중앙도서관 출판시도서목록(CIP)은 서지정보유통지원시스템 홈페이지(http://seoji.nl.go.kr)와
국가자료공동목록시스템(http://www.nl.go.kr/kolisnet)에서 이용하실 수 있습니다.(CIP제어번호: CIP2013001326)

값은 뒤표지에 있습니다. 잘못 만들어진 책은 구입처에서 교환해 드립니다.